この本の特色

① **コンパクトな問題集**

　入試対策として必要な単元・項目を短期間で学習できるよう，コンパクトにまとめた問題集です。直前対策としてばかりではなく，自分の弱点を見つけ出す診断材料としても活用できるようになっています。

② **豊富なデータ**

　英俊社の「高校別入試対策シリーズ」「公立高校入試対策シリーズ」の豊富な入試問題から問題を厳選してあります。

③ **ちかみち**

　問題を解くための指針や「知っておくと役立つ」知識を **ちかみち** として掲載しています。

④ **全　訳**

　長文問題には，すべて全訳がついています。設問に関わるところだけではなく，全体の内容を理解するのに役立てましょう。

JN032595

この本の内容

1 会話特有の表現を身につける 近道問題

● 次の会話は，マイコが留学生の Jane と京都で買い物をしている場面の会話である。これを読んで，あとの問いに答えよ。 (滝川第二高[改題])

Jane ： There are so many gift shops on this street. I can't decide what I should buy for my family in England.

Maiko： Don't worry. We have a lot of time to look around.

Jane ： Let's get started at once. I want to go into that shop.

Maiko： [　①　]

Jane ： What is that? There is a cat doll in front of the shop.

Maiko： It is *Maneki-Neko*, lucky cat in English.

Jane ： [　②　]

Maiko： People use it for business *success and good luck.

Jane ： Why is its left hand up?

Maiko： When people hope to create a link between others, they *raise their left hands up. [　③　] when people hope to get much money, they raise their right hands up. Do you know why we should not put *Maneki-Neko* that has both its hands up in front of the shop?

Jane ： I have no idea.

Maiko： What does it mean if you throw both of your hands up?

Jane ： Well, let me see. Hmm... I give up. Wait, [　④　] When you put both of them up, you are asking for too much and you will *ruin yourself in the end, right?

Maiko： That's right. But some people *deliberately choose *Maneki-Neko* with two hands up because they don't care about such a tradition.

Jane ： To me, I don't want to be in over my head. I will have *Maneki-Neko* whose （ i ） hand is up because I want to make many Japanese friends here.

Maiko： That's it. Look! Small *Maneki-Nekos* are sold. I think they are good gifts for your family.

Jane ： Yeah, I will buy some. My father has an Italian restaurant so he needs *Maneki-Neko* whose (ii) hand is up. My sister wants to get married so she needs *Maneki-Neko* whose (iii) hand is up.

Maiko : How about your mother?

Jane : The thing is, she got seriously sick a half year ago.

Maiko : Oh, [⑤]

Jane : That's OK. She is fine now but I don't want her to get sick again. Can I buy the *charm for health?

Maiko : *Yasaka* shrine is near here. You know *Gion Matsuri*, one of the three big festivals in Kyoto, is held at the shrine. Over a thousand year ago, a *plague *spread throughout Kyoto and many died. People *prayed for their health. It is said this is the origin of *Gion Matsuri*.

Jane : *Yasaka* shrine is famous for the good luck for health, isn't it? I want to go to the shrine and pray for my mother's health.

Maiko : And I will pray for your health, too.

Jane : [⑥]

    *注 success 成功   raise 高くする   ruin 破滅させる

       deliberately わざと   charm お守り   plague 疫病

       spread 広がる   pray 祈る

問1 [①]～[⑥]に当てはまる表現として，最も適切なものを次のア～ク
  から1つずつ選び，それぞれ記号で答えよ。なお，文頭の語も小文字で記さ
  れている。

    ①(   ) ②(   ) ③(   ) ④(   ) ⑤(   )

    ⑥(   )

  ア I'm sorry.   イ I got it!   ウ why not?

  エ what's the matter?   オ how sweet you are!

  カ on the other hand,   キ what is this for?   ク go ahead.

問2 (i)～(iii)に入る語の組み合わせとして，最も適切なものを次のア
  ～エから1つ選び，記号で答えよ。(   )

  ア (i) right (ii) left (iii) left   イ (i) right (ii) right (iii) left

  ウ (i) left (ii) right (iii) right   エ (i) left (ii) right (iii) left

2 指示語の内容を理解する 近道問題

● 次の対話文を読んで，あとの問いに答えなさい。 （園田学園高）

～エイミーは父親と夕食に何を食べるかについて話し合っています。～

Amy ： Dad, I'm hungry! ☐ A ☐

Dad ： I haven't decided what to make for dinner. What do you want to eat tonight?

Amy ： ☐ B ☐

Dad ： No, you can't have pizza again. You had pizza for lunch.

Amy ： So why can't I have pizza for dinner?

Dad ： Because you need variety.

Amy ： What's "variety"?

Dad ： Different things — not the same thing *all the time.

Amy ： You mean, like a ham pizza instead of a cheese pizza?

Dad ： No, I mean a *salad instead of a pizza.

Amy ： Salad? Dad, you know I hate salad.

Dad ： ☐ C ☐ Vegetables have important *vitamins and other things your body needs to be strong and *healthy.

Amy ： My body likes pizza. Pizza has vegetables. The red *sauce is tomato sauce! Tomatoes are vegetables. It's like eating a salad. A salad on bread with cheese.

Dad ： I said no, no more pizza today. If you want bread and cheese and vegetables, how about a sandwich? You like ham sandwiches.

Amy ： I don't want a ham sandwich. I want pizza.

Dad ： How about a BLT, you know *Bacon, *Lettuce, and Tomato? You love bacon!

Amy ： Okay. I think I'll make a BLTC.

Dad ： A BLTC? What is a BLTC?

Amy ： A Bacon, Lettuce, Tomato and Cheese sandwich!

Dad ： Sounds delicious. Can you make me one, too?

Amy ： Sure, dad. Okay, I have the bacon, lettuce, tomato and cheese!

But where is the bread?

Dad　：　Oh no! I ate the bread for lunch!

Amy　：　①Dad, you need more variety! You can't have bread all the time!

Dad　：　Very funny. Okay, what do you want to do? We can go to the store to get more bread, or we can go to a restaurant for dinner.

Amy　：　Let's go to a restaurant.

Dad　：　☐D☐　Where do you want to go?

Amy　：　There is a new Japanese Restaurant near here.

Dad　：　Good idea! It's only 15 minutes from here by car.

Amy　：　Are they open today?

Dad　：　Don't worry. They are only closed on Tuesdays.

Amy　：　Dad, today is Tuesday!

Dad　：　Oh no! Okay, so we can't go ②there. How about the Pasta Restaurant near the Japanese Restaurant? You like their pasta!

Amy　：　Well, I like pasta, but I think they are on vacation in Italy this week.

Dad　：　I forgot! Okay, I guess we will go to the store to buy pasta and make ③it at home.

　　（注）　all the time　いつも　　salad　サラダ　　vitamin　ビタミン
　　　　　　healthy　健康的な　　sauce　ソース　　bacon　ベーコン
　　　　　　lettuce　レタス

問1　対話の流れに合うように　A　～　D　にあてはまる最も適切な文を下のア～カから選び，その記号を答えなさい。

　　A（　　　）　B（　　　）　C（　　　）　D（　　　）

　ア　How about a pizza?　　イ　Yes, please.　　ウ　I don't know.

　エ　But salad is good for you.　　オ　What's for dinner?

　カ　Sure, that sounds fun.

問2　下線部①で Amy が父親に指摘した理由を日本語で答えなさい。

　　（　　　　　　　　　　　　　　　　　　　　　　　　　　　　　　　）

問3　下線部②・③は何（どこ）を指していますか。本文中の英語で抜き出しなさい。②（　　　　　　）　③（　　　　　　）

3 本文の内容に合うものを選ぶ 近道問題

● 次の英文は，留学生のリサ（Lisa）と通りすがりの人（Passerby）が交わし
ている会話である。次の地図を参考にして英文を読み，後の問いに答えよ。

（京都府）

Lisa : Excuse me. Could you help me?

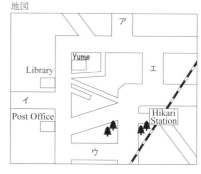

地図

Passerby : Yes, of course.

Lisa : Look, I have a map of this city, but I don't know where I am. I want to go to Hikari Station to meet my friend coming from my country, and before that, I want to go to this cake shop called Yume. Could you tell me ① to go to the cake shop and the station?

Passerby : Sure. We are ② here on this map.

Lisa : I see.

Passerby : You want to go to the cake shop first, right? Walk *along this street, and turn left at the first *corner. Walk a little, and then, you'll see the cake shop on your right. You can get there in five minutes. It is my favorite cake shop.

Lisa : I'll go to the cake shop for the first time. Which cake should I buy?

Passerby : Well, I think the chocolate cake is very good.

Lisa : I see. I will buy one. Then, ③ long will it take to go to the station from the cake shop?

Passerby : There are some ways to walk to the station. It'll take twenty minutes if you choose an easy way. I think this way is good for you because you don't know this city well, right?

Lisa : Right. Could you tell me about it?

Passerby ： Sure. Let's look at the map again. Go along the street in front of the cake shop, and you will see the library on your right. Walk a little, and when you see the post office on your right, turn left at the corner. After walking across the large street with trees, you'll be at the station.

Lisa ： I see. That sounds easy.

Passerby ： If you want to know another way, I'll tell you about it. It's a difficult way, but it's faster.

Lisa ： Well, I want to get to the station early, so please tell me.

Passerby ： OK. First, choose the same street from the cake shop, and turn left at the second corner. Look, this street is *narrow and there are two other streets like it. So, it may be difficult to find it. But it'll take only ten minutes to go to the station from the cake shop. It's two forty now. You don't have much time, right?

Lisa ： I will meet my friend at three. So, I will choose this difficult way because ___④___ .

Passerby ： OK.

Lisa ： Now I know a good way to go to the cake shop and the station because you showed it to me on the map. Also, I got useful *information about the cake shop. I am happy to get such information from you. Thank you for your help.

Passerby ： You're welcome.

　(注) along ～　～にそって　　　corner　曲がり角　　　narrow　狭い
　　　information　情報

問1　___①___・___③___ に共通して入る最も適当な **1語**を書け。(　　　　　)

問2　本文と地図から考えて，下線部②にあたるものとして最も適当なものを，地図中の**ア～エ**から１つ選べ。(　　　)

問3　___④___ に入る表現として最も適当なものを，次の**ア～エ**から１つ選べ。
(　　　)

　ア　I will be able to get to the station in five minutes if I leave the cake shop now

　イ　I will be able to arrive at the station at two fifty after visiting the cake shop

ウ　I want to arrive at the station in twenty minutes with some chocolate cake

エ　I want to get to the station at two forty before buying some chocolate cake

問4　本文の内容と一致する英文として最も適当なものを，次のア～エから1つ選べ。（　　　）

ア　The passerby is drawing a map to tell Lisa the way to go to the cake shop and the station.

イ　The passerby doesn't know what to buy at the cake shop because that person has never visited it.

ウ　Lisa says that the passerby showed her a good way to go to the cake shop and the station.

エ　Lisa says that she is going to meet her friend coming from her country at the cake shop.

4 心情を理解する 近道問題

● 次の英文は，高校生のタロウ（Taro）が，祖父やアミ（Ami）とのやりとりを通して学んだことについて書いた文章です。これを読んで，あとの問いに答えなさい。＊印の語句には，本文のあとに（注）があります。　（青森県）

I have played the *Japanese flute in the traditional events of the village for eight years. I practice it every day to play it well. My grandfather is one of the best Japanese flute players in the village and he teaches me and other children at his house.

One day, he listened to my *performance and said to me, "Very good! I can understand that you practice hard. Well, I have an idea. How about teaching children together this Saturday?" I *was worried. Teaching was too difficult for me.

When I went to my grandfather's house that day, I found a girl. She was sitting on the chair next to my grandfather and looked *nervous. Her name was Ami and she was nine years old. She started to practice the Japanese flute two months ago. I wanted her to enjoy my *lesson, so I played the traditional music of the village. When she listened to it, she smiled and stood up. She was watching my fingers *carefully.

We started to practice the music. It had a difficult *part for her and she stopped at that part many times. She didn't give up but looked sad. I said, "You're good. You don't give up." She said, "I like playing the Japanese flute. I want to play that part well soon." I said, "I can say two things to you, Ami. If you practice even for a short time every day, you can play it well. If you don't forget that you are doing your favorite thing, you can get the power to enjoy difficult things." She could not play the part that day but after practicing, she said to me *cheerfully, "I enjoyed your lesson. Thank you. See you again."

When I was going to leave my grandfather's house, he said to me. "I learned a good thing from you." That made me surprised and I asked him, "Did you learn from me? Why? You are the best teacher." He said, "I am not perfect. I am still learning. Today, you taught her the way of learning. Of course, we need to practice hard to play the Japanese flute well but we have <u>another important thing</u>. Ami learned it from you. I learned it again. Thank you, Taro." Teaching was a good experience for me. I will not stop learning like my grandfather.

（注）　Japanese flute　笛　　performance　演奏

was worried　心配だった　　nervous　緊張して　　lesson　稽古[けいこ]

carefully　注意深く　　part　部分　　cheerfully　明るく

問1　本文の内容と合うように英文を完成させるとき，次の1〜4に続く最も適切なものを，ア〜エの中からそれぞれ一つ選び，その番号を書きなさい。

1．After Taro's performance, his grandfather thought that（　　）

ア　Taro stopped practicing the Japanese flute.

イ　Taro was a teacher of traditional events in the village.

ウ　Taro was able to play the Japanese flute well.

エ　Taro was worried about playing the Japanese flute.

2．When Taro played the traditional music for Ami,（　　）

ア　she started to cry.

イ　she was glad and stood up.

ウ　she started to play the music, too.

エ　she was nervous and sat down.

3．Ami looked sad because（　　）

ア　she gave up practicing with Taro.

イ　she wanted to practice with Taro's grandfather.

ウ　she didn't do her favorite thing.

エ　she couldn't play a difficult part.

4．When Taro was going to leave his grandfather's house,（　　）

ア　Taro was surprised by his grandfather's words.

イ　Taro and his grandfather talked about Ami's school.

ウ　Taro's grandfather taught Ami an important thing.

エ　Taro was so tired that he couldn't say anything.

問2　下線部 <u>another important thing</u> が表している内容を日本語で書きなさい。（　　　　　　　　　　　　　　　　　　　　　　　）

5 理由を説明する

● 次は，京都で長年続く和傘（Japanese umbrellas）店の主人である西堀耕太
郎（Nishibori Kotaro）さんについて紹介している英文です。これを読んで，
あとの問いに答えなさい。 （秋田県[改題]）

Nishibori Kotaro was born in Wakayama. He was interested in English
and foreign countries. After high school, he studied in Canada. He met
many students from other countries there. They told him about their
countries and asked him about his country, too. But he 　①　. Through
this experience, he began to think about Japan.

After he came back to Japan, he started working in *Shingu City Hall.
He made English websites to tell foreign people the good points of the city.

When Nishibori visited his *wife's family in Kyoto, he saw Japanese
umbrellas for the first time. Her family sold Japanese umbrellas as the
*family business for more than 150 years. He *was impressed with Japanese
umbrellas. He decided to make them. From Monday to Friday, he worked
in City Hall, and on weekends, he went to Kyoto because he wanted to
learn how to make them. It took four hours from Wakayama to Kyoto
by car. It was hard for him, but he never *gave up. In 2003, he stopped
working in City Hall and moved to Kyoto. He joined the family business
and started making Japanese umbrellas.

At first, many people bought Nishibori's umbrellas, but soon, the
*sales *went down. Nishibori wanted to keep the tradition of Japanese
umbrellas, so he didn't want to stop the family business. Every day, he
thought about making better umbrellas.

One day, he saw the *light through a Japanese umbrella. He was
excited to see the light. Its color was very warm and soft. He thought it
was good to use the light to make better things. He got an idea. The idea
was to make something new with the light. It was difficult, but finally,
he made a new kind of *lampshade. We can see the warm and soft light
through this lampshade. People never saw such a lampshade, so they were

impressed with it.

　　Nishibori thinks that to keep Japanese tradition is important, but also, the tradition should change with our life. He is always trying to find a new way to make people happy with traditional Japanese things. His *innovation never stops.

　　【注】　*Shingu City Hall：和歌山県にある新宮市役所　　*wife：妻

　　　　　　*family business：家業　　*be impressed with：〜に感動する

　　　　　　*give up：あきらめる　　*sales：売り上げ　　*go down：下がる

　　　　　　*light：光　　*lampshade：照明器具にかぶせる笠（かさ）　　*innovation：革新

問1　本文中の　①　に当てはまる最も適切なものを，次のア〜エから1つ選んで記号を書きなさい。（　　　　）

　ア　couldn't tell them about Japan

　イ　made many friends from other countries

　ウ　didn't enjoy food in Canada

　エ　studied all the subjects hard

問2　次の《問い》に対する答えを**主語と動詞を含む英文1文**で書きなさい。

　《問い》　Why did Nishibori go to Kyoto on weekends?

　　　　（　　　　　　　　　　　　　　　　　　　　　　　　　　　）

問3　西堀耕太郎さんが，自分の作った和傘が売れなくなっても家業を続けたいと思った理由は何か，日本語で書きなさい。

　　　　（　　　　　　　　　　　　　　　　　　　　　　　　　　　）

問4　本文の内容と合っているものを，次のア〜オから**2つ**選んで記号を書きなさい。（　　　　）（　　　　）

　ア　When Nishibori was a high school student, he went to Canada to study English.

　イ　The websites which Nishibori made told Japanese people the good points of Canada.

　ウ　Nishibori moved to Kyoto in 2003, and he started making Japanese umbrellas as his job.

　エ　People liked Nishibori's lampshade because they could see the warm and soft light through it.

　オ　Nishibori thinks Japanese tradition should not change.

6 話の流れを考える 近道問題

● 次の英文を読んで，あとの問いに答えなさい。 （関西創価高）

A teacher stood in front of his students, behind a table which was covered with several boxes of rocks, *sand, and a very large, empty *jar. When the class began, without talking, he began to fill the jar with *ping-pong ball sized rocks.

He then asked the students, "Is the jar full?" They agreed that it was.

So the teacher then picked up a box of smaller rocks and filled the jar with them. He *shook the jar. The smaller rocks, of course, fell down into the spaces between the larger rocks.

He then asked the students again, "Is the jar full?" They agreed that it was.

The teacher picked up a box of sand and put it into the jar. Of course, the sand filled up all spaces in the jar.

He then asked once more, "Is the jar full?" Every student said, "Yes."

"Now," the teacher said, "I want you to understand that this jar is your life. The rocks are the important things — your family, your health, your children. The smaller rocks are other things that may be important — like your job, your house, your car. The sand is everything else, the small things."

"If you put the sand into the jar first," he continued, "there is no space for the smaller rocks or ① the larger rocks. It is like your life. If you spend all your time and energy on the small things, you will never have space for the things that are important to you. Pay attention to the things that are important to you. Play with your children. Go out together with your family. Take care of yourself. There will always be time to go to work, clean the house, give a dinner party, or repair the kitchen."

"Take care of the （ ② ） first — the things that are really important. Choose things that are important to you. The other things are just sand."

語注：sand　砂　　jar　大口のビン

－ 13

　　　　ping-pong ball sized　　ピンポン球サイズの

　　　　shook　　shake（〜を揺らす）の過去形

問1　次のア〜オの英文を，教師がとった行動の順番に並べ替え，記号で答え
　　なさい。（　　　）（　　　）（　　　）（　　　）（　　　）

　ア　He filled the jar with the sand.

　イ　He put the smaller rocks into the jar.

　ウ　He put the larger rocks into the jar.

　エ　He shook the jar.

　オ　He talked about what he wanted to teach students.

問2　下線部①に分類されるものとして最も適切なものを，ア〜オの中から選
　　び，記号で答えなさい。（　　　）

　ア　Helping classmates.　　イ　Talking with friends.

　ウ　Cleaning the kitchen.　　エ　Going to see a doctor.

　オ　Visiting a sightseeing place.

問3　（　②　）にあてはまる語を，本文中から1語で抜き出しなさい。

　　　　　　　　　　　　　　　　　　　　　　　　　（　　　　　　　）

問4　以下は，授業を受けたある生徒が作成したまとめである。このまとめに
　　ついて，(1)と(2)の質問に答えなさい。

〈Lesson Note〉

● The teacher brought a jar and some boxes with rocks and sand.
He put rocks and sand into the jar.

● It always looked ┃　A　┃ when he put in the rocks and sand, but
there was still some space to put in smaller things.

● Through this, he taught us:

B

---

(1)　空欄 A にあてはまる語を，本文中から1語で抜き出しなさい。

　　　　　　　　　　　　　　　　　　　　　　　　　（　　　　　　　）

(2) 空欄Bにあてはまるものを**ア**～**カ**の中から3つ選び，記号で答えなさい。

                       (   ) (   ) (   )

ア   If we don't make an effort, we won't be able to do important things.

イ   We should choose more important things to spend our time and energy on.

ウ   Having a job, a car or a house may be important, but there are other things we need to pay attention to.

エ   We should also spend much time on the small things.

オ   We should love and spend more time with our family.

カ   Even if we feel we are busy, there is always time to go to work.

7 日本語で説明する 近道問題

● 次の英文を読んで，あとの問いに答えなさい。 （智辯学園和歌山高）

When Forest had his snowboarding accident, he was only 18 years old. He was *unconscious for 10 days and when he woke up he could not move or speak. He had a brain injury. Forest got lots of help from his family, his friends, and his doctors. After years of hard work, he was able to move and talk. One of the friends who helped Forest to get better was from Hawaii and his name was Nahele. The name "Nahele" means "forest" in Hawaiian, so ① that made the friendship with Forest much more special. Nahele was a special friend in another way, too, because he was not another teenager. He was a dolphin!

Nahele was born in 2012 at *Dolphin Quest on the Big Island of Hawaii. At Dolphin Quest, Nahele and his dolphin family are ② ambassadors. They *inspire the people who visit them from all over the world to love dolphins and protect wild dolphins.

The people who travel to Dolphin Quest in Hawaii have an amazing *opportunity. They meet dolphins face to face in a large, natural ocean water area. Sometimes Dolphin Quest also uses wonderful technology to connect with people who aren't able to go there in person. This technology is how Forest and Nahele first met.

③ Forest lives in New York and was not strong enough to make a long trip to Hawaii soon after his accident. So Dolphin Quest trainers introduced Forest to Nahele on a live video chat. Forest was lying in his hospital bed and looking at his computer when he first met Nahele. The trainers at Dolphin Quest held up an iPad, so Forest was able to see the new *behaviors that Nahele was learning.

Forest *recovered much faster from his brain injury when he was able to spend time with Nahele. Two years after they first met, he began to speak again, and he also started moving his fingers, arms, legs, and body. He was even able to give Nahele hand signals during his video chats. Nahele *responded to these signals with high jumps out of water!

Those video chats with Nahele and the Dolphin Quest trainers were so much fun for Forest. Thanks to them, he forgot his daily *struggles and connected with a new friend — a dolphin.

Forest not only learned how to walk and talk again, but he learned how to sing and dance. He even wrote and performed a musical play about his journey. But there was ④ one more important thing on Forest's "To Do" list. He worked hard every day to meet Nahele in person.

Forest got on an early morning flight in 2016 with his family and his service dog Toliver. He was on his way to paradise to meet his dolphin friend in person! His very long journey ended the best way possible ... with an unforgettable in-person "Aloha" from his good friend Nahele.

(注)　unconscious：意識不明の

　　　Dolphin Quest：ドルフィン・クエスト（ハワイの観光施設）

　　　inspire ～ to …：～に…する気にさせる　　opportunity：機会

　　　behavior：行動　　recover：回復する　　respond：反応する

　　　struggle：苦しみ

問1　下線部① that の指す内容を日本語で説明しなさい。

　　（　　　　　　　　　　　　　　　　　　　　　　　　　　　　）

問2　下線部② ambassadors は，どのようなことをするのか。本文に即して日本語で説明しなさい。

　　（　　　　　　　　　　　　　　　　　　　　　　　　　　　　）

問3　下線部③を日本語になおしなさい。

　　（　　　　　　　　　　　　　　　　　　　　　　　　　　　　）

問4　下線部④の内容を日本語で簡潔に説明しなさい。

　　　　　　　　　　　　　　　　（　　　　　　　　　　　　　　）

8 脱文を挿入する

● 次の英文を読んで，後の各問いに答えなさい。 (星翔高)

"Mom, I'm home!" Mike said and ran into the living room. Mike's mother said, "Hi, Mike. How was school today?" Mike sat in his grandfather's old chair and began to talk about school. He asked, "Where is Grandfather?" "He is walking in the park," she answered. "Tomorrow is his birthday. I think that I will buy a new chair for him (a) a birthday present. What do you think, Mike?" "That's a good idea. This chair is too old," Mike said.

That evening Mike's mother and father went out. Mike stayed at home with his grandfather. His grandfather sat in his old chair. Mike said, "Grandfather, your chair is very old. ①Would you like to have a new one?" "No," his grandfather said. "This chair is very old, (A) it means a lot to me. Maybe you don't understand, Mike." Mike did not understand that the old chair was very important to his grandfather. After a short time, his grandfather said, "I sat in this chair when I *proposed to your grandmother. That was a long time ago, but when I sit in this chair and close my eyes, I feel she is near." He smiled and looked (b) the arm of the chair.

"When your father was born, I sat in this chair. When that little baby was put into my arms, I felt very happy," Mike's grandfather said (c) a big smile. Mike was (B) to understand that the chair was something very important to his grandfather.

"Many years later…," Mike's grandfather said and then stopped. His smile died. "I sat in this chair when the doctor called and told me about your grandmother's death. [1]. I was very sad, but this chair gave me *comfort." Mike saw tears (d) his grandfather's eyes.

"I understand now," Mike said, "②【chair / to / is / a friend / this / you / like / old】." "Yes, Mike. We have gone through a lot together," his grandfather said.

Late in the evening, Mike's mother and father came home with a new chair. Mike and his grandfather were already sleeping. Mike's mother and father put the new chair in the living room and carried the old chair out.

The next morning Mike got up and came into the living room. His grandfather's old chair was not there. "[2   ]. The garbage truck will soon come and pick it up," his father said. Mike was surprised. Then he heard the sound (e) the garbage truck. He ran out. A man was just picking the chair up. "Wait! Don't take that chair," Mike shouted. "That is my grandfather's chair. [3   ]." The garbage truck left without the chair.

　*propose to 〜　〜に結婚を申し込む　*comfort　ほっとした気持ち

問1　文中の(a)〜(e)に入る最も適当な語をア〜オの中から1つ選び，その記号で答えなさい。

　　(a)(　　　)　(b)(　　　)　(c)(　　　)　(d)(　　　)　(e)(　　　)

　　ア　of　　イ　in　　ウ　as　　エ　with　　オ　at

問2　文中の(A)・(B)に入る最も適当な語をア〜ウの中から1つ選び，その記号で答えなさい。(A)(　　　)　(B)(　　　)

　(A)　ア　but　　イ　because　　ウ　or

　(B)　ア　began　　イ　beginning　　ウ　begun

問3　文中の[1]〜[3]に入る最も適当な英文をア〜ウの中から1つ選び，その記号で答えなさい。1 (　　　)　2 (　　　)　3 (　　　)

　　ア　He still needs it　　イ　I cried and cried

　　ウ　We carried the chair out

問4　下線部①の英文の表現を使い，次の日本語を英語に直しなさい。

　(1)　動物園に行きたいですか。

　　(　　　　　　　　　　　　　　　　　　　　　　　　　　　　　)

問5　下線部②について，次の日本語に合うように【　　】内の語句を正しく並べかえなさい。

　②　この古いイスはあなたにとって友達のようなものです。

　　(　　　　　　　　　　　　　　　　　　　　　　　　　　　　　)

9 文の前後関係をつかむ 近道問題

● 次の英文を読んで，後の設問に答えなさい。 （大阪偕星学園高）

Ellen Watson is 49 years old. She is very famous in London. She is not famous in sports or the arts, （ a ） poor people in the streets know about her. They call her "☐." "Here comes ☐," they say when they see her in the street. How did she get that name? She looks like any other worker. She wears a suit and carries a bag, but she is different. Her bag does not just have papers and books. ①It also has some pairs of gloves.

On cold winter days, she is looking for poor people with cold hands. So she carries gloves in her bag. She stops when she sees someone without gloves. （ b ） they look poor, she gives them a pair of gloves. "Merry Christmas!" she says. She shakes their hands. Then she looks for more people with cold hands.

Every day during the winter, Ms. Watson *gives away gloves. During the other seasons of the year, she buys gloves. People who know her send gloves to her. So she has ②a mountain of gloves in her house. She has gloves of all colors and sizes now. For example, they are children's gloves, work gloves and beautiful gloves for ladies.

Ms. Watson was born in Oxford. Her mother sold cookies in a market at Thames Avenue and New Street. When she was a girl, Ms. Watson got up before 6 a.m. to help her mother.

The Watson family was poor, but Ellen's mother always gave things away. She believed it made everyone happier. Ellen Watson ③feels the same way.

Ms. Watson began giving away gloves 20 years ago. Now many of the poor people in London know her. They know that she does not want money for the gloves, but that she just wants to make them happy. She wants to do something for the poor people in London. She feels （ c ） winter is a hard time for them. Many of these poor people have no warm place to go and no warm clothing. A pair of gloves is a small thing, but it is a big present in winter for them.

(注) *give away （無料で）与える

問1　空所(a)〜(c)に入る適切な接続詞を下の [　　] 内からそれぞれ選びなさい。文頭にくるものも小文字に変えてあります。

　　　a (　　　　　)　b (　　　　　)　c (　　　　　)

[if　　that　　but　　or]

問2　下線部①の It がさすものを文中の2語で答えなさい。

　　　　　　　　　　　　　　　　(　　　　　) (　　　　　)

問3　下線部②と同じ意味にならないものを下から1つ選び，記号で答えなさい。(　　　)

　ア　a lot of　　イ　many　　ウ　large

問4　下線部③の内容を説明する文になるように，下の日本文の（ 1 ），（ 2 ），（ 3 ）にそれぞれ適当な語をいれなさい。

　　　1 (　　　　　)　2 (　　　　　)　3 (　　　　　)

　　　人に物を（ 1 ）ことが（ 2 ）を（ 3 ）にするということ。

問5　ワトソンさんが手袋を無料で与え始めたのは何歳でしたか。下から1つ選び，記号で答えなさい。(　　　)

　ア　彼女が20歳のとき。　　イ　彼女が29歳のとき。

　ウ　彼女が49歳のとき。　　エ　彼女が69歳のとき。

問6　本文の内容から文中の □□□ に共通して入る語を下から1つ選びなさい。(　　　)

Books / Streets / Gloves / Cookies

問7　次の各文の内容が本文の内容と一致していればTを，異なっていればFを答えなさい。

1．Ms. Watson is very famous in London because she is good at sports and the arts. (　　　)

2．Ellen Watson got up early when she was a child. (　　　)

3．Ms. Watson's mother gave cookies away in a market at Thames Avenue and New Street. (　　　)

4．Ellen Watson hopes that the poor people in London feel warm.

　　　　　　　　　　　　　　　　　　　　　(　　　)

5．Ms. Watson works for a shop which sells gloves. (　　　)

10 本文の内容に合う図表を選ぶ 近道問題

● 次の英文を読んで，後の各問いに答えなさい。 (筑紫女学園高)

Where does our food come from? Today, we eat many kinds of food ①(grow) in many countries. It is very convenient, but we should be more interested in the food that farmers grow near us. There are three good things about the food produced locally.

First, ②fruit and vegetables from local farms are fresh, because we can get them soon after they are harvested. Have you eaten fresh tomatoes? They are delicious, right? Fruit and vegetables in season are also rich in nutrients like vitamin C or carotene. For example, the best season for spinach is winter. Spinach harvested in Japan in December is the richest in vitamin C and carotene. If we eat such fruit and vegetables, ③we can enjoy (also / but / delicious / food / good / is / not / only / that) for our health.

Second, we can learn about fruit and vegetables from farmers living near us. If we know more about our food, we will have better eating habits. Today, some farmers sell their fruit and vegetables to the people living near them at farmers' markets. At these markets, we can buy fresh food and also ask the farmers questions about their fruit and vegetables. For example, we can ask them: "How can I cook these potatoes?" "How can I keep this spinach fresh?" "How were these tomatoes ①(grow)?" By talking with the farmers at the markets, we will become interested in food and want to know more about it. Then we will try to eat food that is better for our health. ④That helps us to eat well.

Third, buying and eating local food is good for the environment. Potatoes from the U.S. have traveled more than 10,000 kilometers! A lot of energy is used to bring them to us. But the potatoes produced near us don't need to travel such long distances. If the distance is shorter, we will use less energy to bring the food to us and we will produce less CO_2.

If we are interested in food ①(grow) near us, it will lead to better health, better eating habits, and a better environment.

　　［注］　convenient：便利な　　locally：地元で　　harvest ～：～を収穫する

　　　　　in season：旬の　　　nutrient：栄養分　　vitamin C：ビタミン C

　　　　　carotene：カロチン　　spinach：ほうれん草　　habit：習慣

　　　　　less：より少ない

問1　下線部①の（　　　）内の語を適切な形にしなさい。（　　　　　）

問2　下線部②について，次の質問に英語で答えなさい。

　　Why are fruit and vegetables from local farmers fresh?

　　（　　　　　　　　　　　　　　　　　　　　　　　　　　　　　　）

問3　本文で述べられているほうれん草の栄養価を正しく表しているグラフを
　　ア〜エから1つ選び，記号で答えなさい。（　　　　）

ア
□carotene　■vitamin C
carotene（mg）　vitamin C（mg）

イ
□carotene　■vitamin C
carotene（mg）　vitamin C（mg）

ウ
□carotene　■vitamin C
carotene（mg）　vitamin C（mg）

エ
□carotene　■vitamin C
carotene（mg）　vitamin C（mg）

問4　下線部③の（　　　）内の語を並べかえて，英文を完成させなさい。

　　we can enjoy（　　　　　　　　　　　　　　　　　　　　）for our health

問5　下線部④の意味を次のように言い換えるとき，（　　　）に適する語を同じ
　　段落から探して入れなさい。（　　　　　）（　　　　　）（　　　　　）

　　That helps us to have（　　　）（　　　）（　　　）.

11 図表を完成させる 近道問題

● 次の英文を読んで，あとの問いに答えなさい。 （初芝立命館高）

海外留学をする学生の数は1990年代からどのように変化しているのでしょうか。

As the world gets more and more connected, international *education gets more important. According to *the OECD, the total number of students who had chosen to study abroad had *increased from 1.3 million in 1990 to 4.5 million in 2012. ① This shows that more and more young people want to study outside their home countries and have good experiences.

It should be noticed that students in Asia have been more active than those in *the rest of the world. In fact, more than half of all students who studied overseas around the world in 2012 were from Asian countries. *In particular, China sent the most students abroad.

（図1）

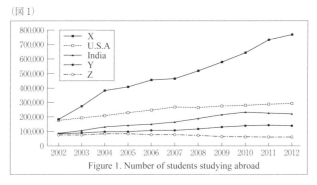

Figure 1. Number of students studying abroad

More than 760,000 Chinese students went to study abroad during that year. And *the figure was four times as large as that in 2002. Among Asian countries, India and South Korea sent the second and third largest numbers of students abroad in 2012.

What about Japanese students? The number of Japanese students who studied outside Japan in 2012 was 63,000. This was about 30 percent lower than *the peak in 2004. To encourage Japanese students to study abroad, the Japanese government started a new program. "② The Tobitate! Young

*Ambassador Program" in October, 2013. The goal of this program is to increase the number of Japanese students who study abroad to 120,000 by the year 2020. The number of such students has been increasing little by little, but Japan has a long way to go.

注：education　教育　　the OECD　経済協力開発機構

increase　増える，増やす　　the rest　残り　　in particular　特に

the figure　数字　　the peak　絶頂　　ambassador　代表

問1　下線部①の This が指す内容を，具体的に日本語で説明しなさい。

（　　　　　　　　　　　　　　　　　　　　　　　　　　　）

問2　図1の X，Y，Z が表す国名として正しい組み合わせを1つ選び，記号で答えなさい。（　　　）

ア　X：China　　　Y：Japan　　　Z：South Korea

イ　X：China　　　Y：South Korea　　Z：Japan

ウ　X：Japan　　　Y：China　　　Z：South Korea

エ　X：South Korea　　Y：China　　　Z：Japan

問3　次の問いの答えを選び，記号で答えなさい。1（　　　）　2（　　　）

1．Where were more than half of the students who studied abroad from?

ア　U.S.A　　イ　India and South Korea　　ウ　Japan

エ　Asian countries

2．How many Japanese students studied outside Japan in 2004?

ア　90,000　　イ　78,000　　ウ　81,900　　エ　44,100

問4　下線部②のプログラムの目標を，具体的に日本語で説明しなさい。

（　　　　　　　　　　　　　　　　　　　　　　　　　　　）

問5　本文の内容と一致するものには○を，一致しないものには×をつけなさい。

1．The OECD encourages the students to go abroad to study.（　　　）

2．The number of young people who want to study abroad is increasing around the world.（　　　）

3．In South Korea, the number of the students who study abroad is larger than that of India in 2012.（　　　）

4．The number of the students who study abroad was the lowest in 2004 in Japan.（　　　）

12　日本語でまとめる　近道問題

● 次の英文を読み，あとの設問に答えなさい。　　　　　　（大阪桐蔭高）

"I am not a key!" Sometimes I tell this to my students. I even wave my keys around in the air *so that they will remember 1) <u>this</u>. Some students do, but some students still write my name as Key, not Kay. Because of this, I sometimes think that spelling is not important in Japan.

I know that English spelling is difficult. (　a　) Even native English speakers make mistakes. As an English teacher, when I check my students' papers that are written in English, I find their spelling mistakes. I sometimes enjoy them. Someone writes "in my 2) <u>dairy</u> life," not "in my daily life." Does the writer get up early and take care of cows? Another favorite is "Please give her a massage," not "Please give her a [　3　]."

When I was a student, spelling was one of my favorite subjects. (　b　) We had spelling tests and spelling contests every week. At school, I learned that good spelling was important for good writing. Your writing makes a strong first *impression. It says something about your character and *reliability. If you want to get a job, you must not make spelling mistakes on your *résumé.

I imagine that the same thing is true about written Japanese. (　c　) *As a result, it may be difficult for you to enter *a certain school or company. However, if this is true, why are English words so often *misspelled in Japan?

Sometimes mistakes in business and *advertising are very surprising. (　d　) You will see a big sign on a hotel like "Liver Hotel," not "River Hotel." Is this a hotel for taking care of *alcoholics? Of course, we [　4　] it, but it is a basic mistake. To make a big sign in English costs a lot of money. Even so, some companies do not *make sure that the English is correct. 5) <u>How can this happen</u>?

Some people think that the English words in Japanese signs are only symbols. They are written for Japanese people, not for native English

26 －

speakers. If the message is understood, that is enough. Is it good English? Nobody worries about this.

However, the influence 6) [ア　that / イ　of this / ウ　English / エ　strange / オ　is / カ　strong / キ　kind of / ク　so] I worry about it. It will probably have a bad influence on Japanese learners of English. They may start to believe that spelling is not important. In the English-speaking world, it must be a big problem.

[注]　*so that S will ～　　S が～するように　　　*impression　印象

　　　　*reliability　信頼性　　*résumé　履歴書

　　　　*as a result　その結果として　　　*a certain ～　ある～

　　　　*misspelled　間違って書かれる　　　*advertising　広告

　　　　*alcoholics　アルコール中毒者　　*make sure that ～　～を確かめる

問1　下線部1)は具体的にどのようなことを指しているか。日本語で答えなさい。(　　　　　　　　　　　　　　　　　　　　　　　　　　)

問2　下線部2)の英単語の意味を下のア～エの中から1つ選び，記号で答えなさい。(　　　)

　ア　日記の　　　イ　学業の　　　ウ　酪農の　　　エ　毎日の

問3　空所［　3　］に入る語を本文中から抜き出しなさい。(　　　　　　)

問4　空所［　4　］に入る最も適切な語句をア～エの中から1つ選び，記号で答えなさい。(　　　)

　ア　are fond of　　　イ　get angry at　　　ウ　feel sorry for

　エ　laugh at

問5　下線部5)に対する答えとして筆者が考えていることを60字以内でまとめなさい。ただし，句読点も字数に含みます。

問6　下線部6)を意味が通るように［　　　］内の語(句)を並べかえた時，［　　　］内の3番目と6番目にくるものをそれぞれ記号で答えなさい。

　　3番目(　　　)　6番目(　　　)

問7　この文章には次の一文が脱落している。本文中の(　a　)～(　d　)内のどこに入れるのが最も適当か，記号で答えなさい。(　　　)

　Writing the wrong *kanji* probably does not make a good impression.

13 空欄を補充する　近道問題

● 中学生の由美（Yumi）の体験に関する次の英文を読んで，あとの問いに答え
なさい。なお，あとの注を参考にしなさい。　　　　　　　　　　　　（長崎県）

One day, Mr. Tanaka, Yumi's English teacher, said to the class, "A
new student from Australia will come. Her name is Mary. She does not
speak Japanese very well." Then he said to Yumi, "Mary has never visited
Japan. She may have a difficult time at first. She is going to sit in the
seat next to you. Will you help her?" Yumi thought it was nice to help
her. Yumi said, "Yes," but (a)she was worried. She was good at reading
and writing English, but she was not good at speaking English.

A few days later, Mary came to Yumi's class and introduced herself
in English. After that, Yumi talked to Mary. She said, "Hello, Mary. I
am Yumi." Mary said, "Hi. It's nice to meet you." Then Mary asked
some questions, but Yumi did not understand her English. Yumi did not
know what to do. She was ___b___ of making mistakes and could not say
anything.

After school, Yumi talked to Mr. Tanaka. Yumi said, "I can't speak
English. I can't help Mary." Mr. Tanaka said, "Don't worry. I'll give you
(c)some advice. First, when you don't understand, say 'Could you say that
again?' I often say this when I talk with foreign people. Second, try to
say something. You don't have to worry about making mistakes. If you
don't say anything, other people will not know what you think. Third, ask
questions if you want to continue a conversation. Using what, who, when,
where, why, and how is a good idea." "Thank you, Mr. Tanaka. I will try
these things when I talk with her tomorrow," Yumi said.

The next day, Yumi was able to talk with Mary better. They enjoyed
talking about many things and became friends. "Thank you for talking
with me. I didn't understand ___d___ you stopped talking yesterday. Did I
say anything bad?" Mary asked. Yumi said, "No, you didn't." Yumi told
Mary about the advice from Mr. Tanaka. Mary said, "That will be useful

when I practice Japanese. I want to speak Japanese better, so can I talk to you in Japanese? You can talk to me in English if you want. What do you think?" "That is a great idea," Yumi said. They smiled to each other. Yumi said, "It is fun to speak English and make new friends."

注　next to ~　~の隣の　　introduce ~　~を紹介する
　　herself　彼女自身　　advice　助言　　conversation　会話

問1　下線部(a)の理由として最も適当なものを次のア～エの中から一つ選んで, その記号を書け。(　　　)

ア　She did not want to help Mary.

イ　She did not know many things about Australia.

ウ　She could not read or write English.

エ　She was not able to speak English well.

問2　本文中の　b　に入る英語として最も適当なものを次のア～エの中から一つ選んで, その記号を書け。(　　　)

ア　afraid　　イ　excited　　ウ　interested　　エ　surprised

問3　次は, 下線部(c)の内容をまとめたものである。文中の(①)～(③)にそれぞれあてはまる日本語を書け。

①(　　　　　　　　　) ②(　　　　　　　　　　)

③(　　　　　　　　)

・相手が言ったことを理解できないときは, (①) こと。

・間違いを恐れず (②) こと。

・会話を続けたいならば (③) こと。

問4　本文中の　d　に入る英語として最も適当なものを次のア～エの中から一つ選んで, その記号を書け。(　　　)

ア　what　　イ　when　　ウ　why　　エ　how

問5　本文の内容と一致するものを次のア～エの中から一つ選んで, その記号を書け。(　　　)

ア　Mr. Tanaka asked Mary to help Yumi in her school life.

イ　Mr. Tanaka introduced himself to Mary in English.

ウ　Because of Mr. Tanaka's advice, Yumi was able to talk with Mary better.

エ　Yumi and Mary decided to talk with each other only in English.

14 タイトルをつける 近道問題

● 次の文章を読んで，設問に答えなさい。 （アサンプション国際高）

A long time ago an old woman who couldn't see lived with her son and his wife （ 1 ） a small village. The old woman made a wish every day. One day, *the elephant god named Ganesh appeared in front of her.

He said, "Old woman, you are very *grateful. You always say thanks to the Gods. What is your wish? I will make one of your wishes come true, so tell me what you want. I will return tomorrow （ 2 ） your answer." The old woman answered, "But I don't know what to ask for." Ganesh said, "You can ask your son and his wife for (1) . Maybe they know what you want."

When she asked her son and his wife, her son said, "Mother, we are very poor and we can't grow enough food, so please ask for *gold, so we can buy food." But, his wife said, "Please ask for a child, mother. We really want （ 3 ） have a baby." The old woman thought about it and said to herself, "They told me what they want, not what I want. I will ask my friend." So the old woman asked her friend, "Ganesh told me to ask him for something. What do you think I should ask him?" The friend said, "Don't ask for what other people want. You can't see. Why don't you ask to see again? If you can see again, you will be (2) happy again."

But the old woman was kind and friendly. She wanted to see the blue sky and the green trees again, but she really wanted to give her son and his wife （ 4 ） they asked for. So she thought hard about what to say to Ganesh. "To keep my family happy, I should ask for what they want. To make myself happy, I should ask for what I want. (3) What should I ask for? Gold, a child, or to be able to see again?"

The next day, Ganesh appeared again and said, "Old woman, tell me your wish." The old woman knew the exact answer. She said, "I want to see my *grandson drinking milk （ 5 ） a golden cup. Please give me that." Ganesh laughed and said, "Old woman, you are so clever! You asked me for everything! But I will not break our promise. I will give you your wish." So Ganesh gave her what she wanted and gave all three what they wished for.

【注】 *the elephant god named Ganesh　ガネーシャという名の象の神
*grateful　ありがたい　　*gold　金　　*grandson　孫息子

問1　次の（ 1 ）（ 2 ）（ 3 ）（ 4 ）（ 5 ）に入る単語をア～エよりそれぞれ1つずつ選び，記号で答えなさい。

1（　　　）　2（　　　）　3（　　　）　4（　　　）　5（　　　）

1．ア　on　　イ　in　　ウ　from　　エ　of
2．ア　for　　イ　to　　ウ　from　　エ　of
3．ア　for　　イ　a　　ウ　need　　エ　to
4．ア　when　　イ　what　　ウ　why　　エ　where
5．ア　on　　イ　of　　ウ　from　　エ　by

問2　下線部(1)に次のア～エより適切なものを1つ選び，記号で答えなさい。

（　　　　）

ア　wish　　イ　advice　　ウ　request　　エ　question

問3　下線部(2) happy と似たような意味の単語をア～キより2つ選び，記号で答えなさい。（　　　）（　　　）

ア　funny　　イ　glad　　ウ　tired　　エ　shy　　オ　unfriendly
カ　excited　　キ　angry

問4　次の英文は下線部(3)の発言をした際の状況を表したものです。（　　　）に適切な語を1語ずつ入れ，英文を完成させなさい。ただし，与えられた文字と字数を参考にすること。

The old woman can't ①(d_____) what to ②(w____) for.

問5　次の英文が本文の内容に合っていれば○，間違っていれば×で答えなさい。

1．The old woman believes in Ganesh. （　　　）
2．The old woman says thanks to the Gods every year. （　　　）
3．The son and the wife don't have enough food. （　　　）
4．The son asked for a baby. （　　　）
5．The old woman wished to be rich. （　　　）
6．The old woman's, son's, and his wife's wishes came true. （　　　）

問6　本文のタイトルとして最も適切なものを次のア〜オより１つ選び，記号
　で答えなさい。（　　　　）

　ア　How the Old Woman Became Ganesh's Friend

　イ　How to Be Friendly to Your Family

　ウ　How to Say Thank You to the Gods

　エ　How the Old Woman Got Her Wish

　オ　How to Be Able to See Again

解答・解説
近道問題

1. 会話特有の表現を身につける

問1 ① ウ ② キ ③ カ ④ イ ⑤ ア ⑥ オ　問2 エ

◇ 解説 ◇

問1　ちかみち参照。① ジェーンの「あの店に入りたい」というせりふに対する返答。Why not? =「もちろん，そうしましょう」。② マイコが「事業の成功や幸運を招くために使う」と答えていることから考える。ジェーンは招き猫の用途について尋ねた。What is this for? =「これは何のためにあるの？」。③ 左手を挙げている猫と，右手を挙げている猫との違いを説明している場面。on the other hand =「一方で」。④ マイコの「もしあなたが両手を挙げたら，それはどういう意味？」という質問に対して，ジェーンが考えている場面。I got it! =「わかった！」。⑤ ジェーンの母親が重い病気になったことを聞いたマイコの言葉。ジェーンが「いいのよ」と答えていることから考える。I'm sorry. =「ごめんなさい」。⑥ マイコの「あなたの健康を祈る」という言葉に対する返答。How sweet you are! =「あなたはなんてやさしいの！」。問2　マイコの5番目のせりふを見る。左手を挙げている招き猫は「人とのつながりを持ちたい」場合に，右手を挙げている招き猫は「事業の成功を願う」場合に用いる。

＼CHIKAMICHI／ ちかみち

★　会話でよく使われる表現を確認しておく。

★　「買い物」「道案内」「電話」など，各シチュエーションごとにまとめておくと便利。

・I have a bad headache. — That's too bad.
　（ひどい頭痛がします。— それはいけませんね。）

・Thank you for your help. — You're welcome.
　（手伝っていただきありがとうございました。— どういたしまして。）

・Would you like some more tea? — Yes, please. ／ No, thank you.
　（お茶をもう少しいかがですか? — はい，お願いします。／ いいえ，結構です。）

・May I speak to Mr. Green? — Speaking.
　（[電話で] グリーンさんをお願いしたいのですが。— 私です。）

◀全訳▶

ジェーン：この通りにはとてもたくさんのお土産屋があるわね。イギリスの家族のために何を買えばいいのか決められないわ。

マイコ　：心配はいらないわ。見て回る時間はたっぷりあるから。

ジェーン：すぐに始めましょう。私はあの店に入りたいわ。

マイコ　：そうしましょう。

ジェーン：あれは何？　店の前に猫の人形があるわ。

マイコ　：それは招き猫，英語で言えば幸運の猫よ。

ジェーン：何のためにあるの？

マイコ　：人々はそれを事業の成功や幸運を招くために使うのよ。

ジェーン：それはなぜ左手を挙げているの？

マイコ　：人々が他人とのつながりを持ちたいと願うときには，彼らは左手を挙げるのよ。
　　　　　一方で，人々が多くのお金を稼ぎたいと願うときには，彼らは右手を挙げるの。
　　　　　なぜ両手を挙げている招き猫を店の前に置くべきではないのか知っている？

ジェーン：わからないわ。

マイコ　：もしあなたが両手を挙げたら，それはどういう意味？

ジェーン：そうね，ええと。うーん…。降参だわ。待って，わかった！　両方を挙げると，
　　　　　多くのものを求めすぎているから，結局は自分自身を破滅させてしまう，そうで
　　　　　しょう？

マイコ　：その通り。でもそんな言い伝えを気にしなくて，わざと二本の手を挙げている
　　　　　招き猫を選ぶ人もいるのよ。

ジェーン：私は手に負えない状態にはなりたくないわ。こちらで多くの日本の友だちを作
　　　　　りたいから，私は左手を挙げている招き猫にするわ。

マイコ　：そうね。見て！　小さな招き猫が売られているわ。あなたの家族へのお土産に
　　　　　ぴったりだと思う。

ジェーン：そうね，いくつか買うことにするわ。父はイタリア料理のレストランを持って
　　　　　いるから，右手を挙げている招き猫が必要ね。姉は結婚したがっているから，左
　　　　　手を挙げている招き猫が必要だわ。

マイコ　：あなたのお母さんは？

ジェーン：実は，彼女は半年前に重い病気になったの。

マイコ　：まあ，ごめんなさい。

ジェーン：いいのよ。今は元気なのだけれど，もう病気になってほしくないの。健康のた
　　　　　めのお守りは買えるかしら？

マイコ　：八坂神社がこの近くにあるわ。京都の三大祭りの一つである祇園祭がその神社
　　　　　で行われるのよ。千年以上前，疫病が京都中に広がって多くの人が亡くなったの。
　　　　　人々は自分たちの健康を祈ったのよ。これが祇園祭の起源だと言われている
　　　　　わ。

ジェーン：八坂神社は健康にとって縁起がいいことで有名なのね？　その神社に行って，
　　　　　母の健康を祈りたいわ。

マイコ　：では私もあなたの健康を祈ることにするわ。

ジェーン：あなたはなんてやさしいの！

２．指示語の内容を理解する

問１ A．オ　B．ア　C．エ　D．カ　問２ 父親は昼食ですでにパンを食べていたから。
（同意可）　問３ ②〔a new〕Japanese Restaurant　③ pasta

◇ 解説 ◇

問１ A．父親が「夕食に何を作るかまだ決めていない」と答えていることから考える。
What's for dinner? =「夕食は何？」。B．父親の「今夜は何が食べたい？」という質問に
対する返答。How about a pizza? =「ピザはどう？」。C．直後の「野菜には身体を丈夫で
健康的にするのに必要な，重要なビタミンやその他のものが含まれている」という言葉か
ら考える。父親はエイミーにサラダを食べるよう勧めている。D．エイミーの「レストラ
ンへ行きましょう」というせりふに対する返答。Sure, that sounds fun. =「いいよ，楽し
そうだ」。問２ 直前の父親のせりふを見る。父親は昼食にパンを食べていたのにもかかわ
らず，夕食にサンドイッチを勧めていた。問３ ちかみち参照。

\CHIKAMICHI /

↑ ちかみち

★ 指示語の内容は，指示語の前の部分に述べられていることが多い。
★ 指示語をとらえた内容に置きかえて，意味がとおるか確認する。

◀全訳▶

エイミー：お父さん，お腹がすいたわ！　夕食は何？
父親　　：夕食に何を作るかまだ決めていないんだ。今夜は何が食べたい？
エイミー：ピザはどう？
父親　　：いや，またピザにするのはだめだ。昼食にピザを食べただろう。
エイミー：でもどうして夕食にもピザを食べてはいけないの？
父親　　：多様性が必要だから。
エイミー：「多様性」って何？
父親　　：さまざまなこと――いつも同じではないことだよ。
エイミー：つまり，チーズピザのかわりにハムピザを食べるってこと？
父親　　：違うよ，ピザのかわりにサラダを食べるってことだ。
エイミー：サラダ？　お父さん，私がサラダ嫌いだって知っているでしょう？
父親　　：でもサラダはお前にとっていいんだよ。野菜には身体を丈夫で健康的にするの
　　　　　に必要な，重要なビタミンやその他のものが含まれているんだ。
エイミー：私の身体はピザが好きなのよ。ピザには野菜が入っているわ。赤いソースは
　　　　　トマトソースよ！　トマトは野菜でしょう。サラダを食べているようなものよ。
　　　　　チーズのついたパンにのったサラダよ。
父親　　：だめだと言っただろう，今日はもうピザはだめだ。パンとチーズと野菜が欲し
　　　　　ければ，サンドイッチにするのはどうだい？　ハムサンドは好きだろう。

エイミー：ハムサンドはいらない。ピザが欲しいの。

父親　　：BLT はどうだい，ほら，ベーコン，レタス，トマトは？　ベーコンは大好きだろう！

エイミー：いいわ。BLTC を作ろうと思うわ。

父親　　：BLTC？　BLTC って何だい？

エイミー：ベーコン，レタス，トマト，そしてチーズのサンドイッチよ！

父親　　：おいしそうだな。私にも作ってくれるかい？

エイミー：もちろんよ，お父さん。さて，ベーコンとレタスとトマトとチーズはあるわ！でもパンはどこ？

父親　　：ああ，しまった！　昼食にパンを食べてしまったんだ！

エイミー：お父さん，もっと多様性が必要よ！　いつもパンを食べていてはいけないわ！

父親　　：とてもおかしいね。わかったよ，お前はどうしたい？　パンをさらに買うために店に行ってもいいし，夕食を食べにレストランへ行ってもいい。

エイミー：レストランへ行きましょう。

父親　　：いいよ，楽しそうだ。どこへ行きたい？

エイミー：この近くに新しい日本食レストランがあるわよ。

父親　　：いいね！　車でここからほんの 15 分だ。

エイミー：今日は開いているの？

父親　　：心配はいらない。定休日は火曜日だけだから。

エイミー：お父さん，今日は火曜日よ！

父親　　：ああ，大変だ！　わかった，そこへは行けないね。日本食レストランの近くにあるパスタレストランはどうだい？　お前はあそこのパスタが好きだろう！

エイミー：そうね，パスタは好きだけれど，彼らは今週イタリアへ休暇に出かけていると思うわ。

父親　　：忘れていた！　よし，パスタを買うために店に行って，家で作ることにしようか。

3. 本文の内容に合うものを選ぶ

問1 how　問2 イ　問3 ウ　問4 ウ

◇ 解説 ◇

問1 ①は「ケーキ屋までの『行き方』」，③は「どれくらい（の時間）」という意味。「〜のし方」= how to 〜。所要時間を尋ねる疑問詞は how long。問2 通りすがりの人の3番目のせりふにある「この通りにそって歩き，最初の曲がり角を左に曲がってください。少し歩いてください，そうすれば右側にケーキ屋が見えるでしょう」という言葉から，二人のいる場所がイであることがわかる。問3 現在の時刻が2時40分で，リサはケーキを買っ

てから3時に駅で友人と会う予定であることから，ウの「チョコレートケーキを持って20分で駅に到着したい」が適切。**問4 ちかみち参照。ア** リサの2番目のせりふを見る。地図は通りすがりの人が描いたのではなく，リサが持っていたものである。**イ** 通りすがりの人の3・4番目のせりふを見る。「それ（ユメ）は私のお気に入りのケーキ屋です」と述べ，リサにチョコレートケーキを勧めている。**ウ**「リサは通りすがりの人がケーキ屋と駅まで行くためのよい道を教えてくれたと言っている」。リサの最後のせりふを見る。正しい。**エ** リサの2番目のせりふを見る。リサが友人と会う場所は，ケーキ屋ではなく駅である。

\CHIKAMICHI /
🔼 **ちかみち**

> ★ 各選択肢を，本文の該当箇所と照らし合わせる。選択肢の内容は必ずしも本文で述べられているとは限らない。
> ★ 本文を読む前に選択肢に目を通しておき，各選択肢の内容がどこに述べられているか見当をつけておくと時間短縮になる。

◀全訳▶

リサ　　　　　　：すみません。手助けしていただけますか？

通りすがりの人：はい，もちろんです。

リサ　　　　　　：見てください，私はこの街の地図を持っているのですが，自分がどこにいるのかわかりません。私は私の国から来ている友人に会いにヒカリ駅まで行きたいと思っていて，その前に，ユメとよばれるこのケーキ屋に行きたいのです。ケーキ屋と駅までの行き方を私に教えていただけませんか？

通りすがりの人：いいですよ。私たちはこの地図のここにいます。

リサ　　　　　　：わかりました。

通りすがりの人：あなたは最初にケーキ屋に行きたいのですよね？　この通りにそって歩き，最初の曲がり角を左に曲がってください。少し歩いてください，そうすれば，右側にケーキ屋が見えるでしょう。あなたはそこまで5分で行くことができます。そこは私のお気に入りのケーキ屋です。

リサ　　　　　　：私は初めてそのケーキ屋に行きます。私はどのケーキを買うべきですか？

通りすがりの人：そうですね，チョコレートケーキがとてもおいしいと思います。

リサ　　　　　　：わかりました。それを買うことにします。それから，ケーキ屋から駅まで行くのにどれくらい時間がかかりますか？

通りすがりの人：駅まで歩いていく道はいくつかあります。簡単な道を選べば20分かかります。あなたにはこの道がいいと思います，というのも，あなたはこの街をあまりよく知りませんよね？

リサ　　　　　　：その通りです。その行き方について私に教えていただけますか？

通りすがりの人：いいですよ。もう一度地図を見ましょう。ケーキ屋の前の道にそって進んでください，そうすると右側に図書館が見えます。もう少し歩いて，右

側に郵便局が見えたら，その曲がり角を左に曲がってください。木々のある大きな通りを渡って歩いていくと，あなたは駅に到着します。

リサ　　　　　：わかりました。簡単そうです。

通りすがりの人：もしあなたが別の行き方も知りたければ，それについて教えてあげますよ。それは難しい行き方ですが，そちらの方が早いです。

リサ　　　　　：そうですね，私は早く駅に着きたいので，教えてください。

通りすがりの人：わかりました。まず，ケーキ屋から同じ道を選び，2つ目の曲がり角を左に曲がってください。ほら，この道は狭くて，似たような道が他に2つあります。ですから，それを見つけるのは難しいかもしれません。でもケーキ屋から駅へ行くのに10分しかかかりません。今，2時40分です。あなたにはあまり時間がないのですよね？

リサ　　　　　：私は3時に友人と会う予定です。ですから，チョコレートケーキを持って20分で駅に到着したいので，この難しい道を選ぶことにします。

通りすがりの人：わかりました。

リサ　　　　　：あなたが地図で私に教えてくれたので，もう私はケーキ屋と駅まで行くためのよい道がわかりました。それに，ケーキ屋に関する役立つ情報ももらえました。あなたからこのような情報をもらえて私はうれしいです。手助けしていただいてありがとうございました。

通りすがりの人：どういたしまして。

4．心情を理解する

問1 1．ウ 2．イ 3．エ 4．ア 問2 もし自分が好きなことをしているということを忘れなければ，難しいことを楽しむ力を得られるということ。（同意可）

◇ 解説 ◇

問1 ちかみち参照。1．タロウの演奏の後，祖父はどう思ったか？→第2段落1文目を見る。祖父は「とても良かったよ！」とタロウの演奏をほめている。2．タロウがアミのために伝統的な音楽を演奏したときのアミの様子はどうだったか？→第3段落の最後から2文目に「それを聞いたとき，彼女はほほえんで立ち上がった」とある。3．アミはなぜ悲しそうに見えたか？→第4段落の前半を見る。アミは難しいパートで何度も止まり，悲しそうに見えた。4．タロウが祖父の家を去ろうとしたとき，何があったか？→最終段落を見る。祖父がタロウから大切なことを学んだと言ったので，タロウは驚いた。問2「もう一つの大切なこと」とは何か？→第4段落の後半を見る。タロウはアミに「もし，きみが大好きなことをやっているということを忘れないなら，きみは難しいことを楽しむ力を得ることができる」と話した。

┌───┐
│ \ CHIKAMICHI /
│ ↑ **ちかみち**
│ ★　手ががりとなる英文を本文からさがす。
│ ★　人物の発言や行動，表情などをとらえる。
└───┘

◀全訳▶私は 8 年間，村の伝統的な行事で笛を吹いています。私はそれを上手に演奏するために毎日練習しています。私の祖父は村で最も上手な笛の奏者の一人で，家で，私や他の子どもたちに教えています。

　ある日，彼は私の演奏を聞いて，私に言いました。「とても良かったよ！　おまえが一生懸命練習していることがわかるぞ。ところで，考えがあるんだ。今週の土曜日に子どもたちに一緒に教えないか？」　私は心配でした。教えることは私にはあまりにも難しいことでした。

　その日，祖父の家へ行ったとき，私は一人の女の子を見かけました。彼女は祖父のとなりの椅子に座っていて，緊張しているように見えました。彼女の名前はアミで，9 歳でした。彼女は 2 か月前に笛を習い始めました。私は彼女に私の稽古を楽しんでほしいと思ったので，村の伝統的な音楽を演奏しました。それを聞いたとき，彼女はほほえんで立ち上がりました。彼女は私の指を注意深く見ていました。

　私たちはその音楽を稽古し始めました。それには彼女にとっては難しいパートがあったので，彼女はそのパートで何度も止まりました。彼女はあきらめませんでしたが，悲しそうに見えました。私は「きみは立派だね。あきらめないね」と言いました。彼女は「私は笛を演奏するのが好き。すぐにそのパートをうまく演奏するようになりたい」と言いました。私は言いました。「きみに 2 つのことを言うことができるよ，アミ。もし，きみが毎日少しの時間でも練習すれば，それを上手に演奏することができるよ。もし，きみが大好きなことをやっているということを忘れないなら，きみは難しいことを楽しむ力を得ることができるよ」　彼女はその日そのパートを演奏することができませんでしたが，稽古の後，彼女は明るく私に言いました。「稽古を楽しんだわ。ありがとう。またね」

　祖父の家を出ようとしたとき，彼は私に「おまえから大切なことを学んだよ」と言いました。そのことは私を驚かせたので，私は彼にたずねました。「おじいさんがぼくから学んだ？　どうして？　おじいさんは最高の先生だ」　彼は言いました。「私は完璧ではないよ。今でも学んでいるんだ。今日，おまえは彼女に学び方を教えた。もちろん，私たちは笛を上手に演奏するために，一生懸命稽古する必要があるけれど，もう 1 つ大切なことがある。アミはそれをおまえから学んだんだ。私は再びそれを学んだ。ありがとう，タロウ」教えることは私には良い経験でした。私は祖父のように学ぶことをやめないでしょう。

┃ 5．理由を説明する

問 1　ア　問 2　（例）Because he wanted to learn how to make Japanese umbrellas.

問3 和傘の伝統を維持するため（同意可）　問4 ウ・エ

◇ **解説** ◇

問1 「彼ら（＝他の国からの学生たち）は彼（＝西堀）に自分の国について話し，彼に彼の国について質問もした」の後に「しかし」が続くことから，「彼らに日本について話すことができなかった」が適切。問2 ちかみち参照。問いは「西堀はなぜ週末に京都へ行ったのですか？」。第3段落の5文目を見る。彼は和傘の作り方を学びたかったから京都へ行った。問3 ちかみち参照。第4段落の2文目を見る。Nishibori wanted to keep the tradition of Japanese umbrellas, so he didn't want to stop the family business.とある。問4 ア 第1段落の3文目を見る。西堀が勉強するためにカナダに行ったのは高校の後。イ 第2段落の2文目を見る。西堀が作ったウェブサイトは外国人にその市（＝新宮市）のよいところを伝えた。ウ「西堀は2003年に京都に引っ越して，仕事として和傘を作り始めた」。第3段落の最後の2文を見る。正しい。エ「人々は照明器具にかぶせる笠を通してあたたかく，やわらかい光を見ることができたので，西堀の照明器具にかぶせる笠が好きだった」。第5段落の後半を見る。正しい。オ 最後の段落の冒頭を見る。西堀は伝統が私たちの生活とともに変わるべきだと考えている。

＼CHIKAMICHI／
⬆ ちかみち

★　原因・理由を表す接続詞や不定詞に着目する。

・It was cold, **so** I closed the window. （寒かったので私は窓を閉めました。）

・We took a taxi, **because** we were tired. （私たちは疲れていたので，タクシーに乗りました。）

・I'm glad **to** hear the news. （私はそのニュースを聞いてうれしいです。）

◀**全訳**▶西堀耕太郎は和歌山で生まれました。彼は英語と外国に興味がありました。高校の後，彼はカナダで勉強しました。彼はそこで他の国からの多くの学生に会いました。彼らは彼に自分の国について話し，彼に彼の国について質問もしました。しかし彼は彼らに日本について話すことができませんでした。この経験を通して，彼は日本について考え始めました。

　彼は日本に帰った後，新宮市役所で働き始めました。彼は外国人にその市のよいところを伝えるために英語のウェブサイトを作りました。

　西堀が京都の妻の家族を訪問したとき，和傘を初めて見ました。彼女の家族は150年以上もの間，家業として和傘を売っていました。彼は和傘に感動しました。彼はそれらを作る決心をしました。月曜日から金曜日まで彼は市役所で働き，そして週末に，彼はそれらの作り方を学びたかったので京都へ行きました。和歌山から京都まで車で4時間かかりました。それは彼にとって大変でしたが，彼は決してあきらめませんでした。2003年に，彼は市役所で働くことをやめ，京都に引っ越しました。彼は家業に加わり，和傘を作り始めました。

　最初，多くの人々が西堀の傘を買いましたが，すぐにその売り上げは下がりました。西

堀は和傘の伝統を守りたかったので、家業をやめたくありませんでした。毎日彼は、よりよい傘を作ることを考えました。

ある日、彼は和傘を通して光を見ました。彼はその光を見てわくわくしました。その色はとてもあたたかく、やわらかでした。彼はよりよいものを作るために、光を使うのがよいと考えました。彼はあるアイデアを得ました。そのアイデアは光で何か新しいものを作ることでした。それは難しかったですが、ついに彼は新しい種類の照明器具にかぶせる笠を作りました。私たちはこの照明器具にかぶせる笠を通して、あたたかく、やわらかい光を見ることができます。人々はそのような照明器具にかぶせる笠を見たことがなかったので、それに感動しました。

西堀は日本の伝統を維持することは大切だが、また伝統は私たちの生活とともに変わるべきだと考えています。彼は伝統的な日本のもので人々を幸せにするために新しい方法をいつも見つけようとしています。彼の革新はとまることがありません。

6. 話の流れを考える

問1 ウ，イ，エ，ア，オ　問2 エ　問3 rocks　問4 (1) full　(2) イ・ウ・オ

◇ 解説 ◇

問1　ちかみち参照。大きい方の石をビンに入れた（第1段落）→より小さな石をビンに入れた（第3段落1文目）→ビンを揺らした（第3段落2文目）→ビンに砂を入れた（第5段落）→生徒たちに教えたいことについて話した（第7～9段落）。問2　第7段落の前半で大切なものを大きい方の石に例えており、その例として「自分の家族」「自分の健康」「自分の子ども」を挙げている。エの「医者に行くこと」は健康に関することなので、適切。問3　空欄を「本当に大切なもの」と言いかえている文が続いている。また、同段落の最終文で「その他の（大切なもの以外の）ものはただの砂である」と述べている。第7段落より、大切なものは rocks（石）、それ以外のものは sand（砂）であるとわかる。問4　(1) 第1～6段落で、教師が石や砂をビンに入れるたびに「ビンはいっぱいですか？」と生徒にたずね、生徒はそれを肯定している。full =「いっぱいの」。(2) ア「努力をしなければ、私たちは大切なことをすることができないでしょう」。そのようなことは述べられていない。イ「私たちは自分の時間とエネルギーを費やすべきより大切なものを選ばなければならない」。第8段落の中ほどと第9段落を見る。正しい。ウ「仕事や車、家を持つことは大切かもしれないが、私たちが目を向ける必要があるものが他にある」。第7段落を見る。「家族、健康、子どもが大切なもの（大きな方の石）で、仕事、家、車は小さい方の石」と述べている。正しい。エ「私たちはささいなものにも多くの時間をかけるべきである」。第8段落を見る。時間をかける必要があるのは、ささいなものに対してでなく、大切なものに対してである。オ「私たちは自分の家族を愛して、家族とより多くの時間を過ごすべきである」。第8段落の後半を見る。正しい。カ「たとえ私たちが忙しいと感じていても、仕事に行く

時間は常にある」。第8段落の後半を見る。家族や自分の健康に目を向けても仕事に行く時間は常にあると述べられているが,「私たちが忙しいと感じていても」仕事に行く時間は常にあるとは述べられていない。

\CHIKAMICHI/
ちかみち

★ 手がかりとなる英文を本文からさがす。
★ 選択肢の英文は,本文とは異なる表現を用いて書かれていることがあるので注意する。

◀全訳▶一人の教師が,石,砂,そしてとても大きなからのビンが入ったいくつかの箱でおおわれたテーブルをはさんで,彼の生徒たちの前に立ちました。授業が始まると,話をすることなく,彼はそのビンにピンポン球サイズの石を入れ始めました。

それから彼は生徒たちに,「このビンはいっぱいですか?」とたずねました。生徒たちはいっぱいだということで意見が一致しました。

それで教師はより小さな石が入った箱を手に取ってビンにそれらの石を入れました。彼はそのビンを揺らしました。もちろん,より小さな石はより大きな石の間のスペースに落ちました。

次に彼は生徒たちに,「このビンはいっぱいですか?」と再びたずねました。生徒たちはいっぱいだということで意見が一致しました。

教師は砂が入った箱を手に取ってその砂をビンの中に入れました。もちろん,砂はビンの中のすべてのスペースを埋めました。

それから彼はもう一度,「ビンはいっぱいですか?」とたずねました。すべての生徒が,「はい」と言いました。

「さて」と教師は言いました。「私はこのビンがあなたの人生であるとあなたたちに理解してもらいたいのです。石は大切なもの,つまりあなたの家族,あなたの健康,あなたの子どもたちです。小さな方の石は大切かもしれない他のもの,つまりあなたの仕事,あなたの家,あなたの車です。砂は他のすべてのもの,ささいなものです」

「もしも,あなたたちが最初にビンに砂を入れれば」彼は続けました。「小さい方の石や大きい方の石のためのスペースはありません。それはあなたの人生に似ています。もしも,あなたが自分のすべての時間とエネルギーをささいなものに費やせば,あなたは自分にとって大切なもののためのスペースを絶対に持てないでしょう。あなたにとって大切なものに目を向けなさい。あなたの子どもと遊びなさい。あなたの家族と一緒に出かけなさい。あなた自身を大事にしなさい。仕事に行ったり,家を掃除したり,ディナーパーティをしたり,台所を修理したりする時間はいつだってあるでしょう」

「最初に石,つまり本当に大切なものを大事にしなさい。あなたにとって大切なものを選びなさい。その他のものは,ただの砂にすぎません」

7. 日本語で説明する

問1 彼の名前であるナヘレというハワイ語が英語のフォレストと同じ意味であること。(同意可) 問2 世界中から来た人々に，イルカを愛し，野生のイルカを保護する気にさせること。(同意可) 問3 フォレストはニューヨークに住んでおり，事故の直後はハワイまでの長旅に耐えられるほど丈夫ではなかった。問4 ナヘレに直接会うこと (同意可)

◇ **解説** ◇

問1 直前の文がその内容を指す。mean 〜 =「〜を意味する」。〈in 〜（言語）〉=「〜語で」。問2 ちかみち参照。問3 〈…（形容詞）+ enough to 〜〉=「〜するのに十分…で」。make a long trip =「長旅をする」。問4 直後に，フォレストがある目的をもって一生懸命に努力したことが書かれている。それが「フォレストの『やるべき』リスト上のもう一つの大切なこと」にあたる。

\CHIKAMICHI／
↑ ちかみち

★ その語と同じ意味を表す別の表現や指示語など，手がかりとなる表現をさがす。
★ 話の展開を理解することも大切。

◀全訳▶ フォレストがスノーボードの事故にあった時，彼はまだ18歳でした。彼は10日間意識不明で，そして彼が目覚めた時，動くことも話すこともできませんでした。彼は脳に損傷がありました。フォレストは家族，友だちそして医者から多くの助けを得ました。何年も大変な努力をしたあと，彼は動いたり話したりすることができるようになりました。フォレストが回復するのを手伝った友だちの一人はハワイ出身で，名前はナヘレでした。「ナヘレ」という名前はハワイ語で「フォレスト」を意味したので，それがフォレストとの友情をもっと特別にしました。ナヘレはもう一人の10代の若者ではなかったので，別の点でも特別な友だちでした。彼はイルカだったのです！

ナヘレは2012年にハワイ島のドルフィン・クエストで生まれました。ドルフィン・クエストで，ナヘレと彼のイルカの家族は大使でした。彼らは世界中から来た人々に，イルカを愛し，野生のイルカを保護する気にさせるのです。

ハワイのドルフィン・クエストに旅する人にはすばらしい機会があります。彼らは広い自然の海水域でイルカと対面することができます。時々，ドルフィン・クエストは直接そこに行くことのできない人とつながるためにすばらしい科学技術も使います。この科学技術がフォレストとナヘレが初めて会った方法です。

フォレストはニューヨークに住んでおり，事故の直後はハワイまでの長旅に耐えられるほど丈夫ではありませんでした。そこでドルフィン・クエストのトレーナーはライブビデオチャットでフォレストをナヘレに紹介しました。フォレストは初めてナヘレにあった時，病院のベッドで横たわってコンピューターを見ていました。ドルフィン・クエストのトレーナーがiPadを持ち上げたので，フォレストはナヘレが学んでいる新しい行動を見

ることができました。

　フォレストはナヘレと時間を過ごすことができるようになった時，脳の損傷からもっとはやく回復しました。彼らが出会って 2 年後，彼は再び話し始め，そして指，腕，脚そして体も動かし始めました。彼はビデオチャットの間，ナヘレにハンドシグナルを出すことさえできました。ナヘレは水面から高く飛び上がることでこれらのシグナルに反応しました！

　ナヘレやドルフィン・クエストのトレーナーとのビデオチャットはフォレストにとってとても楽しいものでした。彼らのおかげで，彼は日々の苦しみを忘れ，新しい友だち―イルカとつながりました。

　フォレストは歩き方や話し方を再び学ぶだけでなく，歌い方や踊り方も学びました。彼は自身の旅についてミュージカル演劇を書いたり演じたりさえしました。しかしフォレストの「やるべき」リストにはもう一つの大切なことがありました。彼はナヘレに直接会うために一生懸命に努力しました。

　フォレストは 2016 年に家族と介助犬のトリバーといっしょに早朝の飛行機に乗りました。彼は直接イルカの友だちに会うために楽園に行く途中でした。彼のとても長い旅は，可能な限り最良の方法で終わりました…彼の仲良しの友だちのナヘレからの忘れることのできない生の「アロハ」とともに。

┃　8．脱文を挿入する　┃

問 1 (a) ウ　(b) オ　(c) エ　(d) イ　(e) ア　問 2 (A) ア　(B) イ　問 3 1．イ　2．ウ　3．ア
問 4 Would you like to go to the zoo?　問 5 This old chair is like a friend to you
◇ **解説** ◇
問 1 (a)「誕生日プレゼントとして」。as ～ =「～として」。(b)「イスのひじ掛けを見た」。
look at ～ =「～を見る」。(c) with a smile =「微笑んで」。(d) in one's eyes =「～の目に」。
(e)「ゴミ収集車の音」。A of B =「B の A」。問 2 (A) 直前の「このイスはとても古い」と直後の「それは私にとってとても大切だ」をつなぐのは，逆接の接続詞。(B) begin to ～ =
「～し始める」。過去進行形〈was/were ＋～ing〉の文にして「マイクは理解し始めていた」とする。問 3 ちかみち参照。1．マイクの祖父が祖母の死を知らされた直後のことなので，イの「私は泣きに泣いた」が適切。2．マイクの父親が直後に「ゴミ収集車がまもなく来て，それ（イス）を持っていく」と言っていることから，ウの「私たちがそのイスを運び出した」が適切。3．祖父のイスがゴミとして積まれそうになるのをマイクが止める場面なので，アの「彼にはまだそれが必要だ」が適切。問 4 Would you like to ～? =「あなたは～したいですか？」。「動物園に行く」= go to the zoo。問 5「A は～のようなものだ」= A is like ～。「～にとって」= to ～。

- ★ 脱文が入る前後の内容を確認する。
- ★ 脱文を挿入して，話がうまくつながっているか確認する。

◀**全訳**▶「お母さん，ただいま！」とマイクは言って，居間に駆け込みました。マイクの母親は「おかえり，マイク。今日，学校はどうだった？」と言いました。マイクは祖父の古いイスに座り，学校について話し始めました。彼は「おじいちゃんはどこ？」とたずねました。「公園で散歩をしているわ」と彼女は答えました。「明日は彼の誕生日よ。私は誕生日プレゼントとして彼に新しいイスを買おうと思うの。あなたはどう思う，マイク？」「それはいい考えだね。このイスは古すぎるよ」とマイクは言いました。

その晩，マイクの母親と父親は出かけました。マイクは祖父といっしょに家にいました。祖父は彼の古いイスに座っていました。マイクは「おじいちゃん，おじいちゃんのイスはとても古いね。おじいちゃんは新しいのがほしい？」と言いました。「いや」と祖父は言いました。「このイスはとても古いけれど，私にとってとても大切なんだ。たぶんおまえにはわからないだろうね，マイク」 マイクはその古いイスが祖父にとってとても大切だということがわかりませんでした。少しして，祖父は「おまえのおばあさんに結婚を申し込んだとき，わたしはこのイスに座っていた。それは昔のことだけれど，私はこのイスに座って目を閉じると，彼女が近くにいるような気がするんだよ」と言いました。彼は微笑んでイスのひじ掛けを見ました。

「おまえのお父さんが生まれたとき，私はこのイスに座っていた。あの小さな赤ん坊が私の腕に置かれたとき，私はとても幸せに感じたよ」 マイクの祖父はにっこり笑って言いました。マイクはそのイスが祖父にとってとても大切なものだと理解し始めていました。

「何年もたって…」とマイクの祖父は言いかけ，やめてしまいました。彼の微笑みが消えました。「医者が私に電話をかけてきておばあさんの死について私に告げたとき，私はこのイスに座っていた。私は泣きに泣いた。私はとても悲しかったけれど，このイスが私にほっとした気持ちをくれたんだ」 マイクは祖父の目に涙を見ました。

「ぼくは今わかったよ」とマイクは言いました，「この古いイスはおじいちゃんにとって友達のようなものなんだね」「そうだよ，マイク。私たちは共に多くのことを経験してきたんだ」と彼の祖父は言いました。

その晩遅く，マイクの母親と父親が新しいイスを持って帰宅しました。マイクと祖父はすでに眠っていました。マイクの母親と父親は居間に新しいイスを置き，古いイスを運び出しました。

翌朝，マイクは起きて居間に行きました。祖父の古いイスはそこにありませんでした。「私たちがそのイスを運び出したんだ。ゴミ収集車がまもなく来て，それを持っていくだろう」と父親が言いました。マイクは驚きました。そのとき彼はゴミ収集車の音を聞きました。彼は走って外に出ました。男性がちょうどそのイスを積むところでした。「待って！

そのイスを持っていかないで」とマイクは叫びました。「それはぼくの祖父のイスです。彼にはまだそれが必要なのです」　ゴミ収集車はイスを積まずに去っていきました。

｜9．文の前後関係をつかむ

問1 a. but b. If c. that　問2 Her, bag　問3 ウ　問4 1. 与える　2. みんな 3. 幸せ（それぞれ同意可）　問5 イ　問6 Gloves　問7 1. F　2. T　3. F　4. T　5. F

◇ 解説 ◇

問1 ちかみち参照。a.「彼女はスポーツや芸術で有名ではない」と「通りの貧しい人々は彼女について知っている」をつなぐ。逆接の接続詞の but（しかし）が適切。b.「彼らが貧しそう」と「彼女は彼らに1対の手袋を与える」をつなぐ。条件を表す接続詞の if ～（もし～なら）が適切。c. feel that ～＝「～と感じる」。問2 直前の文と対になっていて，「彼女のカバンには書類や本だけが入っているのではなく，何対かの手袋も入っている」と言っている。「それ」は「彼女のカバン」をさす。問3 a mountain of ～＝「山のような，山ほどの」。数や量が多いことを示す。問4 直前の文にワトソンさんの母親が信じていたことが書かれている。it は「人に物を与えること」をさす。made everyone happier＝「みんなをより幸せにした」。エレンも母と同じように感じている。問5 第1段落と最終段落の冒頭を見る。エレン・ワトソンは今49歳で，20年前に手袋を無料で与え始めた。問6 空所にはワトソンさんのあだ名が入る。手袋を持ち歩き，無料で与えていたことから，Gloves が適切。問7 1. 第1段落の3文目を見る。ワトソンさんはスポーツや芸術が得意だから有名なのではない。2.「エレン・ワトソンは子どものとき，早く起きた」。第4段落の最終文を見る。午前6時前に起きたとあるので，正しい。3. 第4段落の2文目を見る。ワトソンさんの母親はテムズアベニューとニューストリートの市場でクッキーを無料で与えていたのではなく売っていた。4.「エレン・ワトソンはロンドンの貧しい人々が暖かく感じることを望んでいる」。最終段落の後半を見る。正しい。5. ワトソンさんが手袋を売る店で働いているという記述はない。

\CHIKAMICHI /
↑ ちかみち

★ 接続詞が入る箇所の前後の内容を確認する。
★ 時間の経過や因果関係，順接・逆接の関係などを正しくとらえる。
・because ～＝「～なので」。　　　・when ～＝「～の時」。
・if ～＝「もし～なら」。　　　　　・after ～＝「～の後に」。
・before ～＝「～の前に」。　　　　・since ～＝「～以来」。

◀全訳▶エレン・ワトソンは49歳です。彼女はロンドンでとても有名です。彼女はスポーツや芸術では有名ではありませんが，通りの貧しい人々は彼女について知っています。彼

らは彼女を「手袋」と呼びます。「ほら，手袋が来た」と彼らは通りで彼女を見ると言います。彼女はどのようにしてその名前を手に入れたのでしょう？　彼女は他の労働者と同じように見えます。彼女はスーツを着て，カバンを持ち歩いていますが，彼女は異なっているのです。彼女のカバンには書類や本だけが入っているのではありません。それには何対かの手袋も入っています。

　寒い冬の日に，彼女は冷たい手をした貧しい人を探しています。それで彼女はカバンの中に手袋を入れています。彼女は手袋をしていない人を見かけると，立ち止まります。もし彼らが貧しそうであれば，彼女は彼らに1対の手袋を渡します。「メリークリスマス！」と彼女は言います。彼女は彼らと握手をします。それから彼女は冷たい手をした人をさらに探します。

　冬の間毎日，ワトソンさんは手袋を無料で与えます。彼女は1年の他の季節の間に手袋を買います。彼女を知る人が彼女に手袋を送ります。だから彼女は家には山のように手袋があります。彼女は今あらゆる色とサイズの手袋を持っています。例えば，それらは子どもの手袋，仕事用手袋，そして女性用の美しい手袋です。

　ワトソンさんはオックスフォードで生まれました。彼女の母親はテムズアベニューとニューストリートの市場でクッキーを売っていました。ワトソンさんが少女だったとき，母親を手伝うために午前6時前に起きました。

　ワトソンさん一家は貧しかったのですが，エレンの母親はいつも物を無料で与えていました。彼女はそれがみんなをより幸せにすると信じていました。エレン・ワトソンも同じように感じています。

　ワトソンさんは20年前に手袋を無料で与え始めました。今ではロンドンの貧しい人々の多くが彼女を知っています。彼らは彼女が手袋のお金をほしがっているのではなく，ただ彼らを幸せにしたがっていると知っています。彼女はロンドンの貧しい人々のために何かをしたいのです。彼女は冬が彼らにとってつらい時期だと感じています。これらの貧しい人々の多くには行くべき暖かい場所や暖かい衣服がありません。1対の手袋は小さなものですが，それは彼らにとって冬の大きなプレゼントです。

▌ 10. 本文の内容に合う図表を選ぶ ▌

問1 grown　問2 （例）〔It is〕Because we can get them soon after they are harvested.
問3 イ　問4 food that is not only delicious but also good　問5 better, eating, habits

◇ **解説** ◇

問1　1つ目と3つ目の①は「〜で『育てられた』食べ物」と food を後ろから修飾する形。「〜される」は過去分詞で表す。2つ目の①の文は「どのようにこれらのトマトは『育てられた』のか？」という受動態〈be動詞＋過去分詞〉の文。**問2**「地元の農家の果物や野

菜はなぜ新鮮なのか？」。その理由は下線部の文の because 以下で説明されている。soon after they are harvested ＝「それらが収穫されたすぐ後に」。問3 ちかみち参照。第2段落の後半に「12月に日本で収穫されるほうれん草は，ビタミンCとカロチンが最も豊富である」と書かれている。このことを正しく示しているグラフを選ぶ。問4「私たちは，おいしいだけではなく，私たちの健康にもよい食べ物を楽しむことができる」。まず enjoy の目的語に food を置き，主格の関係代名詞 that を用いてこれを後ろから修飾する。「～だけではなく…もまた」＝ not only ～ but also …。問5「そのことは私たちが上手に食べることの手助けをする」→「そのことは私たちが『よりよい食習慣』を持つことの手助けをする」。同段落の2文目にある better eating habits をあてはめる。

\CHIKAMICHI／
⬆️ ちかみち

★ 表やグラフを読み取る問題で覚えておきたい表現
・more than ～＝「～より多い」。　　　・less than ～＝「～より少ない」。
・as ～ as …＝「…と同じくらい～」。　・twice as ～ as …＝「…の2倍～」。
・the number of ～＝「～の数」。　　　・about ～＝「およそ～」。

◀全訳▶私たちの食べ物はどこから来るのでしょうか？　今日，私たちは多くの国で育てられたたくさんの種類の食べ物を食べています。それはとても便利ですが，私たちは自分の近くで農家の人たちが育てる食べ物にもっと興味を持つべきです。地元で生産される食べ物について，3つのよいことがあります。

まず，地元の農場産の果物や野菜は新鮮です，というのも，それらが収穫されたすぐ後に私たちはそれらを手に入れることができるからです。あなたは今までに新鮮なトマトを食べたことがありますか？　それらはおいしいですよね？　旬の果物と野菜はまた，ビタミンCやカロチンのような栄養分が豊富です。例えば，ほうれん草にとって最もよい季節は冬です。12月に日本で収穫されるほうれん草は，ビタミンCとカロチンが最も豊富です。私たちがそのような果物や野菜を食べれば，おいしいだけではなく，私たちの健康にもよい食べ物を楽しむことができます。

次に，私たちは自分の近くに住んでいる農家の人たちから果物や野菜について学ぶことができます。私たちが自分の食べ物についてもっと知れば，私たちはよりよい食習慣を持つでしょう。今日，自分たちの果物や野菜を近隣住民にファーマーズマーケットで売る農家の人たちもいます。これらのマーケットで，私たちは新鮮な食べ物を買うことができ，さらに彼らの果物や野菜について彼らに質問をすることもできます。例えば，私たちは彼らに「これらのジャガイモはどのように料理できますか？」，「このほうれん草をどうしたら新鮮に保つことができますか？」，「これらのトマトはどのようにして育てられましたか？」と尋ねることができます。マーケットで農家の人たちと話すことによって，私たちは食べ物に興味を持つようになり，食べ物についてもっと知りたくなります。そうすれば，私たちは健康のためによりよい食べ物を食べようとするでしょう。そのことは私たちが上

手に食べることの手助けとなります。

3つ目に，地元の食べ物を買って食べることは環境にもよいのです。アメリカ合衆国産のジャガイモは，10,000キロメートル以上を移動してきます！　それらを私たちのところへ持ってくるためにたくさんのエネルギーが使われます。しかし，私たちの近くで生産されるジャガイモは，そのような長い距離を移動する必要はありません。距離がより短くなれば，食べ物を私たちのところへ運ぶためのエネルギーはより少なくなり，排出する二酸化炭素もより少なくなるでしょう。

もし私たちが自分の近くで育てられる食べ物に興味を持てば，それはよりよい健康，よりよい食習慣，そしてよりよい環境へとつながっていくのです。

11. 図表を完成させる

問1〔OECDによると〕海外留学を選ぶ学生の数が1990年の130万人から2012年の450万人に増えたこと。（同意可）　問2 イ　問3 1. エ　2. ア　問4 海外留学する日本人の学生の数を2020年までに12万人に増やすこと。（同意可）　問5 1. ×　2. ○　3. ×　4. ×

◇ 解説 ◇

問1 直前の文の内容を指している。the total number of students who had chosen to study abroad ＝「海外留学を選ぶ学生の総数」。had increased from 〜 to …＝「〜から…に増えた」。問2 ちかみち参照。第3段落の1文目からXが中国，第3段落の最終文からYが韓国であることがわかる。問3 1. 第2段落の2文目を見る。2012年に海外留学をした学生の半数以上がアジア諸国出身だった。2. 最終段落の2・3文目を見る。「2012年に日本国外に留学した日本人学生の数は6万3千人」「これは2004年の絶頂より約30パーセント低い」ということから考える。63,000 ÷ 0.7 ＝ 90,000と計算する。問4 直後の文を見る。to increase 〜 to 120,000 ＝「〜を12万人に増やすこと」。by the year 2020 ＝「2020年までに」。問5 1. OECDが学生に海外留学を奨励しているとは述べられていない。2.「海外留学を希望する若者の数は世界中で増えている」。第1段落の2・3文目を見る。正しい。3. 第3段落の最終文を見る。2012年に海外留学した学生数は，韓国よりインドの方が多かった。4. 最終段落の3文目を見る。海外留学をした日本人学生の数は2004年が最も多かった。

＼CHIKAMICHI／
ちかみち

★ 日時，場所，人物，数などの情報を正しくつかみ，情報を整理する。

◀全訳▶世界の結びつきがますます強まるにつれて，国際的な教育がより重要になりつつあります。経済協力開発機構によれば，海外留学を選んだ学生の総数は，1990年の130万人から2012年の450万人に増えました。これはますます多くの若者が自国外で勉強し，

よい経験を積みたいと思っていることを示しています。

　注目すべき点は，アジアの学生が世界の残りの地域の学生よりも，より積極的だということです。実際に，2012 年に世界中で海外留学をした学生の半数以上がアジア諸国出身でした。特に，中国は最も多くの海外留学生を送り出しました。

　その年，76 万人以上の中国人学生が海外留学に出ました。そしてその数字は 2002 年の 4 倍でした。アジア諸国の中で，インドと韓国は 2012 年に 2 番目と 3 番目に多い数の留学生を海外に送り出しました。

　日本人学生はどうでしょう？　2012 年に日本国外に留学した日本人学生の数は 6 万 3 千人でした。これは 2004 年の絶頂より約 30 パーセント低い数字です。日本人学生に海外留学を奨励するため，日本政府は 2013 年の 10 月に「トビタテ！　日本代表プログラム」という新しいプログラムを開始しました。このプログラムの目標は，2020 年までに海外留学する日本人学生の数を 12 万人に増やすことです。そのような学生数は少しずつ増加していますが，日本にはまだ長い道のりが残されています。

［ 12. 日本語でまとめる ］

問1　筆者の名前がキーではなくケイであるということ。（同意可）　問2　ウ　問3　message　問4　エ　問5　日本の看板の英語はただのシンボルと考えられ，日本人にそのメッセージが理解されればそれで十分であると考えられているから。（59 字）（同意可）　問6（3 番目）エ　（6 番目）ク　問7　c

◇ 解説 ◇

問1　1 文目に「私はキーではありません！」とある。生徒たちに印象づけるために，鍵（キーと発音する）を振って見せている。直後に「まだなお私の名前をケイではなくキーと書く生徒もいる」とあるので，筆者の名前は「ケイ」だとわかる。問2　直後に「書き手は早起きして牛の世話をしているのか？」とあるので，dairy は「酪農の」と推測できる。問3　massage（マッサージ）のつづりと似た単語で，空所に入れて自然に意味が通じる単語を考える。第 6 段落に message「伝言」があることに注目。Please give her a messege.（彼女に伝言をお願いします）となる。問4　「River Hotel」（川のホテル）が「Liver Hotel」（肝臓のホテル）と間違って書かれた看板について述べた文である。おかしな間違いなので，laugh at ～（～を笑う）が入る。問5　ちかみち参照。間違いが起こる原因について，次の段落に書かれている筆者の考えをまとめる。問6　However, the influence of this kind of strange English is so strong that I worry about it. となる。this kind of ～ =「この種の～」。so ～ that … =「とても～なので…」。問7　挿入文は「間違った漢字を書くことはおそらくよい印象を与えません」という意味。第 3 段落で英単語のつづりを間違えずに書くことが与える印象について述べている。第 4 段落で日本語で書かれた文についても同じことが言えると言っているので，c が適当。

CHIKAMICHI
ちかみち

★ 下線部が疑問文であることから，その直後の部分に着目して内容をまとめる。
★ 下線部に指示語がある場合，その指示語が何を表しているかをつかむことも大切。

◀全訳▶「私はキーではありません！」 時々私は生徒たちにこう言います。生徒たちがこのことを覚えているように，私は自分の鍵（キー）を空中で振ることさえします。覚えてくれる生徒もいますが，まだなお私の名前をケイ（Kay）ではなくキー（Key）と書く生徒もいます。このことが理由で，私はつづりが日本では大切ではないのだと思うことがあります。

　私は英語のつづりが難しいということは知っています。英語を母語とする人でさえ間違えます。英語の先生として，私は英語で書かれた生徒のレポートをチェックする時，彼らのつづりのミスを見つけます。私は時々それらを楽しんでいます。誰かが「私の日常（daily）生活で」ではなく，「私の酪農（dairy）生活で」と書きます。その書き手は早起きして牛の世話をしているのでしょうか？　また別の大好きな間違いは「彼女にメッセージ（message）をお願いします」ではなく，「彼女にマッサージ（massage）をお願いします」です。

　私が生徒だった時，つづりは私の大好きな科目の1つでした。私たちはつづりのテストやコンテストが毎週ありました。学校で，私はきちんとつづることはよい作文にとって大切だと習いました。あなたの書いたものは強い第一印象を与えます。それはあなたの人格や信頼性についても語ります。もしあなたが仕事を得たいなら，履歴書でつづりの間違いをしてはなりません。

　同じことが日本語で書かれた文についても当てはまると想像してみてください。間違った漢字を書くことはおそらくよい印象を与えません。その結果として，あなたがある学校や会社に入ることは難しいかもしれません。しかし，このことが正しいなら，なぜ英単語は日本でそれほどひんぱんに間違って書かれるのでしょうか？

　仕事や広告での間違いは時に驚くべきものです。あなたは「River Hotel」（川のホテル）ではなく，「Liver Hotel」（肝臓のホテル）のようなホテルの大きな看板を見かけるでしょう。これはアルコール中毒者の世話をするためのホテルでしょうか？　もちろん，私たちはそれを笑いますが，それは基本的な間違いです。英語で大きな看板を作るにはとてもお金がかかります。それでも，いくつかの会社はその英語が正しいか確かめません。どうしてこのようなことが起こりうるのでしょうか？

　日本の看板の英語の言葉は単なるシンボルだと考える人がいます。それらは英語を母語とする人向けではなく，日本人向けに書かれています。メッセージが理解されれば，それで十分なのです。それはよい英語でしょうか？　誰もこのことについて心配していません。

　しかしながら，この種の奇妙な英語の影響はとても強いので，私はそれについて心配し

ます。それはおそらく英語を学習している日本人に悪い影響を与えるでしょう。彼らはつづりが大切でないと信じ始めるかもしれません。英語を話す世界において，それは大きな問題に違いありません。

13. 空欄を補充する

問1 エ　問2 ア　問3 ①「もう一度言ってください」と言う　② 何かを言おうとする（または，何かを言う）　③ 質問をする（それぞれ同意可）　問4 ウ　問5 ウ

◇ 解説 ◇

問1 由美が心配した理由は，直後の文の but 以下に書かれている。be good at 〜ing ＝「〜することが得意である」。由美は英語を話すことが得意ではなかった。**問2 ちかみち参照**。メアリーの英語を理解できなかった由美が，何も言えなくなってしまった理由→「間違えることを恐れていたから」。be afraid of 〜ing ＝「〜することを恐れている」。**問3** 第3段落の田中先生のせりふにある First，Second，Third という三つの副詞に着目する。① 一つ目の助言として田中先生は「わからないときは『それをもう一度言っていただけませんか？』と言いなさい」と述べている。② 二つ目の助言として田中先生は「何か言おうとしなさい」と言っている。③ 三つ目の助言として田中先生は「質問をしなさい」と言っている。**問4 ちかみち参照**。直後にメアリーが「私は何か悪いことを言った？」とたずねていることから考える。「私は『なぜ』あなたが昨日話すのをやめたのかわからなかった」とするのが適切。**問5** ア 第1段落の後半を見る。田中先生はメアリーに由美を助けるように頼んだのではなく，由美にメアリーを助けるように頼んだ。イ 田中先生がメアリーに英語で自己紹介する場面はない。ウ「田中先生の助言のおかげで，由美はメアリーとより上手く話すことができた」。第3段落と，最終段落の冒頭に合う。エ 最終段落の後半を見る。メアリーは由美に日本語で，由美はメアリーに英語で話すことにした。

＼CHIKAMICHI／
↑ **ちかみち**

> ★ 話の流れをつかむことが大切。特に空欄の前後は注意して読む。
> ★ 文脈から判断する場合は同意表現や反意表現，因果関係を見つける。
> ★ 連語や文法的要素が問われる場合もある。

◀全訳▶ある日，由美の英語の先生である田中先生が「オーストラリア出身の新入生がやってきます。彼女の名前はメアリーです。彼女はあまり上手に日本語を話しません」とクラスに言いました。それから彼は由美に「メアリーは日本を訪れたことがありません。彼女は最初，苦労するかもしれません。彼女はあなたの隣の席に座ることになっています。彼女を助けてくれますか？」と言いました。由美は彼女を助けることは良いことだと思いました。由美は「はい」と言いましたが，心配していました。彼女は英語を読んだり書いたりすることは得意でしたが，英語を話すことは得意ではありませんでした。

　数日後，メアリーが由美のクラスにやってきて英語で自己紹介をしました。そのあと，由美はメアリーに話しかけました。彼女は「こんにちは，メアリー。私は由美です」と言いました。メアリーは「こんにちは。はじめまして」と言いました。それからメアリーはいくつか質問をしましたが，由美は彼女の英語を理解できませんでした。由美はどうすべきかわかりませんでした。彼女は間違えることを恐れて何も言うことができなかったのです。

　放課後，由美は田中先生に話しかけました。由美は「私は英語を話すことができません。私にはメアリーを助けることができません」と言いました。田中先生は「心配しないでください。私があなたにいくつか助言をします。一つ目に，わからないときは『それをもう一度言っていただけませんか？』と言ってください。私は外国人と話すとき，これをよく言います。二つ目に，何かを言おうとしてください。あなたは間違えることを恐れる必要はないのです。もしあなたが何も言わなければ，他の人はあなたが何を考えているのかわからないでしょう。三つ目に，あなたが会話を続けたいのなら，質問をしてください。何，誰，いつ，どこで，なぜ，どのようにを使うことは良いアイデアです」と言いました。「田中先生，ありがとうございました。明日彼女と話すとき，私はこれらのことをしてみます」と由美は言いました。

　次の日，由美はメアリーとより上手く話すことができました。彼女たちは多くのことについて話すのを楽しみ，友達になりました。「私と話してくれてありがとう。私はなぜあなたが昨日話すのをやめたのかがわからなかったの。私は何か悪いことを言ったかしら？」とメアリーはたずねました。由美は「いいえ，言っていないわ」と言いました。由美は田中先生からの助言についてメアリーに話しました。メアリーは「それは私が日本語を練習するときに役立つわ。私は日本語をもっと上手に話したいから，あなたに日本語で話しかけてもいいかしら？　あなたが望むなら英語で私に話しかけるといいわ。どう思う？」と言いました。「それはすばらしいアイデアね」と由美は言いました。彼女たちはお互いにほほえみ合いました。由美は「英語を話して新しい友達を作ることは楽しいことね」と言いました。

14. タイトルをつける

問1 1. イ　2. ア　3. エ　4. イ　5. ウ　問2 イ　問3 イ・カ　問4 ① (d)ecide　② (w)ish　問5 1. ○　2. ×　3. ○　4. ×　5. ×　6. ○　問6 エ
◇ 解説 ◇
問1 1.「小さな村で」= in a small village。2.「あなたの返事をもらうために」。目的は〈for ＋名詞〉で表せる。3.「〜したい」= want to 〜。4.「彼らが求めたもの」。「A が〜するもの」=〈what ＋ A ＋〜（動詞）〉5.「金のカップからミルクを飲んでいる」。「〜から」= from 〜。問2 直前でおばあさんが「私は何を望めばいいのかわからない」と言っていることから考える。「あなたの息子や彼の妻に『助言』を求めてもかまいません」。「〜

に助言を求める」= ask ~ for advice。**問3** happy =「幸せな，楽しい」。似た意味を持つ語は，glad（うれしい）と excited（わくわくしている）。**問4** 下線部は「何を望めばいいのか決めることができない」という状況を表している。「~を決める」= decide ~。「~を望む」= wish for ~。**問5** 1.「おばあさんはガネーシャを信じている」。第1・2段落を見る。正しい。2. 第2段落の1文目を見る。おばあさんは「いつも」神々に感謝を述べている。3.「息子とその妻には十分な食べ物がない」。第3段落の1文目を見る。正しい。4. 第3段落の2文目を見る。赤ちゃんを求めたのは息子ではなく息子の妻だった。5. 第4段落の2文目を見る。おばあさんが望んだのは，再び目が見えるようになることだった。6.「おばあさんの願い事，息子の願い事，そして彼の妻の願い事は実現した」。最終段落を見る。正しい。**問6** ちかみち参照。「おばあさんがどのようにして家族全員の望みをかなえたのか」という物語である。

\CHIKAMICHI /
ちかみち

★ 全体の内容をつかみ，筆者が最も伝えたいことは何かを理解する。
★ まとめの段落（最終段落であることが多い）を参考にすることも多い。

◀**全訳**▶昔，目の見えないおばあさんが息子やその妻と一緒に小さな村で暮らしていました。そのおばあさんは毎日お祈りをしていました。ある日，ガネーシャという名の象の神が彼女の前に現れました。

彼は「おばあさん，あなたはとてもありがたい人です。あなたはいつも神々に感謝を述べています。あなたの願い事は何ですか？　私があなたの願い事の1つをかなえてあげますから，あなたの欲しいものを私に教えてください。私は明日，あなたの返事をもらうために戻ってきます」と言いました。おばあさんは「でも私は何を望めばいいのかわかりません」と答えました。ガネーシャは「あなたの息子や彼の妻に助言を求めてもかまいません。多分，彼らはあなたが求めているものを知っているでしょう」と言いました。

彼女が息子とその妻に尋ねると，息子は「お母さん，僕たちはとても貧しくて十分な食べ物を育てることができません，だから金を求めてください，そうすれば僕たちは食べ物を買うことができます」と言いました。しかし，彼の妻は「お母さん，子どもを求めてください。私たちはとても赤ちゃんを持ちたいのです」と言いました。おばあさんはそれについて考え，「彼らは私が欲しいものではなく，自分たちが欲しいものを私に伝えた。私は友だちに聞いてみよう」と思いました。それでおばあさんは彼女の友人に「ガネーシャが何かを求めるよう私に言いました。あなたは私が彼に何を求めるべきだと思いますか？」と尋ねました。その友人は「他の者が欲しがっているものを求めてはいけません。あなたは目が見えません。再び見ることができるように頼んでみてはどうですか？　もしまた見ることができれば，あなたは再び幸せになるでしょう」と言いました。

しかしおばあさんは親切でやさしい人でした。彼女はもう一度青い空や緑の木々が見たいと思っていましたが，息子やその妻に彼らが求めるものを与えたいと心から思いました。

そこで彼女はガネーシャに何を言うべきか一生懸命考えました。「家族の幸せを保つために，私は彼らが欲しいものを求めるべきだ。私自身を幸せにするために，私は自分が欲しいものを求めるべきだ。私は何を求めるべきなのだろう？　金，子ども，あるいはもう一度見えるようになること？」

　翌日，ガネーシャが再び現れて「おばあさん，あなたの願い事を言ってください」と言いました。おばあさんは的確な返答を知っていました。彼女は「私は孫息子が金のカップからミルクを飲んでいるのを見たいです。私にそれを与えてください」と言いました。ガネーシャは笑って「おばあさん，あなたはとても利口です！　あなたは私にすべてのことを求めました！　でも私は約束を破るつもりはありません。あなたの願い事をかなえてあげましょう」と言いました。そしてガネーシャは彼女が望んだものを彼女に与え，3人すべてに彼らが求めていたものを与えました。